Fabrizio
Armas
Sandoval

Desobediencia civil
y otros escritos

Henry D. Thoreau

Desobediencia civil y otros escritos

Introducción y notas de Juan José Coy
Traducción de M.ª Eugenia Díaz

Títulos originales: *Life without principle* (1863); *Civil Disobedience* (1849); *Slavery in Massachusetts* (1854); *A Plea for Captain John Brown* (1859)
Traducción de M.ª Eugenia Díaz

Primera edición en «El libro de bolsillo»: 2005
Segunda edición: 2012
Tercera reimpresión: 2018

Diseño de colección: Estudio de Manuel Estrada con la colaboración de Roberto Turégano y Lynda Bozarth
Diseño de cubierta: Manuel Estrada

Reservados todos los derechos. El contenido de esta obra está protegido por la Ley, que establece penas de prisión y/o multas, además de las correspondientes indemnizaciones por daños y perjuicios, para quienes reprodujeren, plagiaren, distribuyeren o comunicaren públicamente, en todo o en parte, una obra literaria, artística o científica, o su transformación, interpretación o ejecución artística fijada en cualquier tipo de soporte o comunicada a través de cualquier medio, sin la preceptiva autorización.

© Editorial Tecnos (Grupo Anaya, S. A.), 1987, 1999
© Alianza Editorial, S. A., Madrid, 2005, 2018
    Calle Juan Ignacio Luca de Tena, 15
    28027 Madrid
    www.alianzaeditorial.es

ISBN: 978-84-206-6581-8
Depósito legal: M. 46.590-2011
Composición: Grupo Anaya
Printed in Spain

Si quiere recibir información periódica sobre las novedades de Alianza Editorial, envíe un correo electrónico a la dirección: alianzaeditorial@anaya.es

Índice

9 Introducción
43 Bibliografía básica

Desobediencia civil y otros escritos
49 Una vida sin principios
82 Desobediencia civil
121 La esclavitud en Massachusetts
147 Apología del capitán John Brown

Introducción

Henry Thoreau nació en el pueblecillo de Concord, en el Estado de Massachusetts, el 12 de julio de 1817. Su infancia y adolescencia transcurren en el mismo marco, el de su pueblo natal, en el que habría de discurrir hasta el final de sus días su vida entera. El propio Henry Thoreau resumía con humor su «experiencia viajera» diciendo sencillamente: «He viajado mucho en Concord».

En 1833, a los dieciséis años, ingresa en Harvard. Y allí se graduó, sin pena ni gloria, cuatro años más tarde. De su estancia en Harvard deja constancia en sus *Diarios,* comenzados justamente a su salida de la docta institución. Lo mejor que Harvard tuvo que ofrecerle fue su biblioteca, y en verdad que hizo buen uso de ella. Luego, ya graduado, siguió visitando esta biblioteca, y contra todas las normas entonces establecidas, y después de una pequeña batalla burocrático-administrativa por conseguirlo, obtuvo el permiso oficial para poder seguir sacando libros. Por cierto, que su desapego por su *alma mater* —como algunos dicen— fue tal que hasta se negó a pagar un dólar por el diploma oficial que le acreditaba como tal. «Bástale a cada oveja su propia piel», consignó en su *Diario* al comentar este pequeño desprecio por un cartón medio ridículo al que ni él mismo le concedía apenas importancia alguna.

Para cuando Thoreau se graduó en Harvard, ya se había trasladado a vivir a Concord la familia Emerson. La amistad de Ralph Waldo Emerson y Henry Thoreau constituye uno de los hitos más significativos en la vida de ambos. En un comienzo, Thoreau encuentra en Emerson a un mentor y guía comprensivo, un poco paternal, pero para el joven Henry, catorce años más joven que «el maestro», aquello tuvo importancia.

En este contexto hay que tener en cuenta un dato significativo. En la ceremonia de graduación en Harvard, de la que se conservan «programas de mano», nos encontramos, en cuarto lugar, con la intervención al alimón de Charles Wyatt Rice, de Brookfield; de Henry Vose, de Dorchester, y de Henry Thoreau, de Concord. El título de la conferencia compartida fue el de «El espíritu comercial de los tiempos modernos, desde la perspectiva de su influencia en el carácter político, moral y literario de una nación». Los tres conceptos enunciados los desarrollaron, por ese orden, los tres personajes mencionados. Los espectadores y oyentes se debieron quedar algo estupefactos

Introducción

cuando Henry Thoreau, al hacer uso de la palabra, propugnó sin ambages el axioma de que todos sus conciudadanos deberían, por lo pronto, invertir el precepto divino: «trabajando tan sólo un día a la semana y descansando los otros seis».

En este sentido, al graduarse e iniciar su vida «activa», Henry Thoreau se inclina más bien por la «pasiva». Ante su falta de interés en los «negocios» y el «espíritu emprendedor», esperables de todo joven de pro, dadas las circunstancias, Ralph Waldo Emerson le ofrece a Thoreau un arreglo de más o menos mecenazgo: a cambio de ocuparse de su casa, de pequeñas chapuzas en el jardín y el mantenimiento de los desperfectos, tendría allí vivienda y manutención. Henry Thoreau aceptó encantado la oferta, no sólo por venir de su admirado Emerson, sino porque, con semejante trato, el joven y ávido lector tenía acceso a la biblioteca del propio Emerson, una de las más extensas en aquellos momentos en los Estados Unidos. Allí vivió durante dos años, a partir de 1841.

Y el día 4 de julio de 1845, memorable fecha ya en los anales oficiales de la Historia oficial norteamericana, Henry Thoreau se recluye en una cabaña, construida por él mismo desde la primavera anterior, en Walden Pond. En un extremo alejado de una propiedad, también de Emerson, Thoreau inicia una experiencia de vida relativamente solitaria; y se dice que «relativamente» porque también para Thoreau, como para ese entrañable personaje camusiano de «Jonás o el artista en el trabajo», «solitario» es sinónimo de «solidario». Allí permanecerá Thoreau, ojo avizor siempre, durante dos años, dos meses y dos días, y concluye con su experimento cuando cree haber conseguido los objetivos que se había autopropuesto al iniciar esta especie de aventura, proyectada al interior, que intenta desde el comienzo.

Al salir de Harvard, Thoreau había comenzado la redacción de su *Diario*. Y en esta época lo continúa, al mismo tiempo que redacta las dos únicas obras que habría de ver publicadas en vida: *Una semana en los ríos Concord y Merrimack,* consecuencia de una excursión con su hermano John en 1839; y el clásico *Walden o la vida en los bosques,* publicada en 1854 tras un laborioso proceso de redacción y correcciones sucesivas. Hasta siete borradores de *Walden* van siendo elaborados sucesivamente antes de que la obra final vea la luz.

Desde luego, la obra más importante de Thoreau son sus *Diarios,* publicados en 1906 en dieciséis volúmenes. De ahí procede todo lo demás: sus reflexiones, sus ensayos, sus obras más extensas, sus conferencias, su observación de la naturaleza, sus pensamientos más personales y sus juegos de palabras. Desde el otoño de 1837, recién graduado en Harvard, hasta muy pocas semanas antes de su muerte, Thoreau ahí consigna, día a día, el germen de la construcción de sí mismo y de la construcción, en consecuencia, de toda su obra literaria.

La ideología política de Thoreau queda perfectamente al descubierto en todas sus obras, en general, y

Introducción

en los cuatro ensayos ahora agrupados en este volumen en particular. Su talante radical-liberal –por etiquetarlo de alguna manera, un hombre que como Thoreau resulta inclasificable e irreductible a fórmulas simplistas o etiquetas empobrecedoras–, su talante libertario y a un tiempo solidario, resulta de una extraordinaria actualidad. Antiimperialista, en el apogeo del imperialismo norteamericano de la primera mitad del siglo XIX; defensor del derecho a pensar por uno mismo, como defensa irreductible ante la avalancha de oportunismo político y compromisos ideológicos; ecologista convencido, en contacto con la naturaleza, cien años antes de los «verdes»; defensor acérrimo de las minorías indias, en proceso de exterminio; antiesclavista convicto y confeso, en plena efervescencia racial que había de culminar muy poco antes de su muerte en el estallido de la guerra civil; defensor del derecho a la pereza, o reivindicador de aspectos creativos del ocio con dignidad, mucho antes de la formulación de Paul Lafargue. Y todo esto hasta límites de un radicalismo que, lejos de disminuir con los años, se fue agudizando conforme éstos pasaban. Defensor ardiente y convencido de causas perdidas. No por perdidas menos justas.

Poniendo al descubierto estas terribles y sangrantes contradicciones del sistema, Thoreau lleva a cabo efectivamente un acto revolucionario constante. En 1908 iba a estrenarse en Nueva York una obrilla de teatro sin apenas sustancia literaria, pero que tuvo la fortuna de acuñar, con su título, una de las hermosas teorías del *American Dream* siempre desmentidas por la realidad: el mito del *Melting Pot,* el crisol en el que se funden, como decía Crèvecoeur ya en el siglo XVIII, las oleadas sucesivas de inmigrantes que llegan a América en busca del paraíso ya en Europa perdido. Hasta tomar consistencia progresivamente, con el paso de los años, la denominada *anglo-conformity:* los que se adaptan, los que pierden sus propias señas de identidad nacionales y raciales o culturales o lingüísticas: negros, judíos, italianos, irlandeses, balcánicos, griegos, latinoamericanos de toda procedencia... Todos estos «marginales» deberán «reconvertirse» y dejarse asimilar, en cierto sentido «blanquearse» y conformarse a los denominados *yankees* de viejo cuño –*old-times Yankees*– que dictan la norma de lo que es o no es «americano». El lema fundacional, recogido posteriormente por las monedas de centavo –*e pluribus, unum*–, encierra unos riesgos de uniformismo, por las buenas o por las malas, que Thoreau supo muy bien entrever. Y resulta significativo que los tres personajes más admirados por Henry Thoreau a lo largo de su vida fueran, precisamente, un poeta marginal y maldito como Whitman; un guía indio que le acompañó en su excursión por Maine en 1857, Joe Polis, y el personaje medio héroe medio bandolero –pero siempre mito–, antiesclavista por excelencia, el capitán John Brown.

En consecuencia, otra de las características sobresalientes de Henry Thoreau, a lo largo de su vida y

Introducción

de su obra, es el rechazo de lo establecido y sus actitudes de resistencia no violenta pero contumaz en busca de su propia libertad de pensamiento, palabra y obra. Esto exige un renunciamiento constante, es cierto. El resumen de esta actitud de libertad y de pobreza, de escasas necesidades a las que atender, de auténtica ascesis liberadora, lo encontramos en la frase que consigna en la página 162 del tomo cuarto de su *Diario* y que más tarde reproduce, tal cual, en uno de sus ensayos: «De acuerdo con mi experiencia, nada se opone tanto a la poesía como los negocios, ni siquiera el crimen».

Max Lerner, en un breve pero atinadísimo comentario, con respecto al significado de Thoreau, lo ha sabido comprender con clarividencia: «Rechazó el sistema de las fábricas porque significaba la explotación de los demás; rechazó igualmente el culto al éxito y el credo puritano del trabajo constante porque ello significaba la explotación de uno mismo». Y por ello Thoreau prescribe la siguiente cura a las amenazas del industrialismo en expansión de su época: «La renuncia total a lo tradicional, lo convencional, lo socialmente aceptable; el rechazo de los caminos o normas de conducta ya trillados, y la inmersión total en la naturaleza». Como no puede extrañar, esta segunda opinión procede de Lewis a propósito de su tipología sobre el *Adán americano.*

Teniendo en cuenta estos antecedentes, ¿cómo extrañarnos de los cuatro ensayos seleccionados en este volumen? El primero de ellos constituye una especie

15

de «declaración de principios». Los otros tres, coyunturales, expresan el pensamiento de Thoreau en una gradación progresiva que Walter Harding ha sabido poner de manifiesto:

Existe incuestionablemente una progresión perfectamente definida en las tres principales declaraciones de Thoreau con respecto al asunto antiesclavista, desde «Desobediencia civil» hasta la «Apología del capitán John Brown», pasando por la «Esclavitud en Massachusetts». Se trata de una progresión de resistencia al Estado como institución. En primer lugar, tenemos la resistencia «civil» o «moderada» rehusando pagar impuestos. En segundo lugar, en la «Esclavitud en Massachusetts» nos encontramos con la arenga o la exhortación a violar una ley específica y concreta. La tercera instancia de este proceso aconseja la rebeldía abierta no ante una ley específica, sino contra el Estado como tal.

Lo cierto es que los tres últimos ensayos no constituyen sino una manifestación concreta, lógica y escalonada, como consecuencia de una serie de «principios» o actitudes éticas incuestionables que aparecen como meollo de la cuestión en el primero de los cuatro ensayos, y que por eso aquí se considera como clave o piedra angular. Éste es el orden lógico adoptado en la selección, y en la ordenación, de lo que constituye este volumen.

Introducción

«Una vida sin principios»

Desde los primeros años de la década de 1850, en el *Diario* hay ya fragmentos de este texto. Los sucesivos títulos que Thoreau le fue dando a su reflexión revelan perfectamente cuáles eran sus intenciones. «Ganarse la vida», «Vidas malgastadas», «De qué le aprovecha al hombre», en evidente alusión al pasaje evangélico de Marcos 8, 36. *The Higher Law* fue otro de los títulos utilizados. En marzo de 1862 el ensayo como tal fue aceptado para su publicación en el *Atlantic Monthly*. A los editores no les gustó demasiado ese título y sugirieron un cambio. Thoreau, que ya por entonces estaba muy gravemente enfermo y sin fuerzas ni para escribir, dictó la respuesta: *Life without principle.* La traducción, a gusto de cada cual. Hasta octubre de 1863 no apareció el ensayo, año y medio después de haber muerto Thoreau. Una especie de anticipo y testamento.

El día 6 de diciembre de 1854, a propósito de una conferencia que acababa de dar en Providence, reflexiona Thoreau sobre esta cuestión de hablar en público. Lo primero es estar convencido plenamente de lo que se dice y de la forma de decirlo. El «gustar» o no gustar al público es asunto más que secundario. Las reflexiones las integra Thoreau en su charla, y de hecho se trata en definitiva de «reflexiones en voz alta». Ya resulta que esta conferencia de Providence, pronunciada en el Railroad Hall, es la que ahora nos ocupa. Y, por cierto, fue un fracaso completo por lo que a la reacción del público se refiere.

Significativamente, como el propio Thoreau consigna también en el *Diario,* aprovecha la ocasión para visitar los «santos lugares» de Roger Williams, el disidente puritano que tuvo la osadía, ya en su tiempo, de luchar denodadamente por la separación de la Iglesia y del Estado, por reivindicar hasta sus últimas consecuencias el derecho inalienable del individuo a su libertad de conciencia, y que puso en tela de juicio el derecho del blanco a expoliar al indio de sus tierras y propiedades.

«Pensemos de qué forma se nos va la vida.» A partir de esta invitación a la autorreflexión, Thoreau construye su obra ensayística más significativa. Con un juego de palabras, muy característico suyo, nos aconseja: *Read not the Times, read the Eternities,* «no leáis los tiempos sino atentos a la eternidad». Y de acuerdo con su teoría del ensayo, de la que mucho se podría decir, en la página 167 del tomo III del *Diario* también dice exactamente: «No trato de apresurarme para detectar la *ley universal:* permítaseme más bien comprender con más claridad una instancia particular de ella». El juego dialéctico, continuo en Thoreau, reaparece en estos cuatro ensayos de modo evidente: y bien se podría afirmar que el primero de los que ahora nos ocupan, «Una vida sin principios», constituye el punto de partida, la preocupación por lo universal, pero sin prisas; a modo de testamento, cuando apareció en octubre de 1863, se comprendía ya en toda su extensión el largo viaje desde la noche más cerrada a la plena luz del día del conocimiento. Este conocimiento

Introducción

pasa por lo particular y lo que de universal encierra, a la luz de lo cual se puede comprender cualquier fenómeno aislado o «pequeño» de la vida humana. «Vidas sin fundamento», sin duda, nos da la clave.

El contexto del que surge este ensayo se ha estudiado por extenso en otra ocasión, y a él hay que referirse necesariamente al tratar de valorar lo original, lo irreductiblemente personal, de la reflexión de Thoreau (40, 41 y 42). Es toda esa efervescente segunda mitad del siglo XIX americano en la que se está empezando a comprobar en qué se han quedado los viejos ideales de los Padres Peregrinos, de los Padres Fundadores y de los Padres de la Patria redactores de la Constitución norteamericana. Al sumidero van tantas y tantas esperanzas de una sociedad más justa, más libre, más igualitaria, en la que el hombre no sea lobo para el hombre ni los capitanes de empresa y reyes de la industria sigan explotando al amparo de un sistema, económico y político, que Thoreau detesta y contra el que se rebela.

Este elogio a la pereza que lleva a cabo Thoreau en su ensayo, como mecanismo de defensa, como táctica de resistencia civil y pacífica, pretende llegar a la preservación interior, a no dejarse contaminar ni convencer por las doctrinas económicas y sociales «liberales» al uso, de las que se convierten en portavoces interesados –es decir, beneficiarios de la corrupción– los políticos.

Henry Thoreau fue dándole vueltas a su propia experiencia a lo largo de muchos años. De hecho, incluso, el capítulo undécimo de *Walden* se titula «Higher Law», más altas leyes: por encima siempre de lo legal, pura y simplemente considerado, está lo moral. Y su primer capítulo, «Economía», es también rigurosamente paralelo, en su formulación de «valores», a este ensayo de comienzos de su vida, de mediada su vida y de legado póstumo.

Lo curioso del caso es que para el estudiante de la literatura norteamericana este ensayo con frecuencia pasa desapercibido, oscurecida su trascendencia por otras obras más «famosas», no menos pero tampoco más significativas, básicamente *Walden* y «Desobediencia civil». Y el conocimiento, digamos «popular», de Thoreau se debe simplemente, en muchos casos, a las dos anécdotas más significativas de su vida: su ingreso en prisión por negarse a pagar unos impuestos que él consideraba injustos y su vida retirada en una cabaña en mitad del bosque. *The American Tradition in Literature,* de Bradley, Beatty, Long y Perkins, ni lo menciona. La *Antología* de Macmillan no lo recoge, así como tampoco la de Poirier y Vance. Y una de las mejores, la de Cleanth Brooks, R. W. B. Lewis y Robert Penn Warren, *American Literature: The Makers and the Making, Book B. 1826-1861,* tampoco recoge, en su selección de Thoreau, este texto fundamental. De las antologías más conocidas o de mayor uso, la única que recoge todos estos ensayos, con buenas introducciones y notas, es la *Norton Anthology of American Literature,* a cargo de siete profesores de literatura norteamericana, relati-

vamente desconocidos: quiérese decir, no consagra-
dos del calibre de algunos de los anteriormente mencionados. Quizá por eso precisamente sí se hacen
más eco de un Thoreau esencialmente contestatario,
marginal, pero de cuya importancia en el contexto
de la literatura de los Estados Unidos ya no hay nadie en su sano juicio que dude.

«Desobediencia civil»

Este texto, sí; naturalmente, este texto aparece en todas esas antologías, con selecciones de *Walden* y algo
de la poesía de Thoreau. Y es que este ensayo ha tenido de hecho una difusión mundial incuestionable y
una influencia decisiva en personajes de la significa-
ción de Gandhi o Lanza del Vasto. En una carta al
presidente F. D. Roosevelt, el propio Gandhi le confe-
saba que dos de los pensadores que más influencia habían ejercido sobre su pensamiento habían sido Emerson y Thoreau. Se supone que estas afirmaciones sí
aparecerán en todos los libros escolares para americanos probos.

Lo que ocurre es lo de siempre, y tampoco hay por
qué extrañarse demasiado: a un personaje contestatario o marginal en su época, más tarde se le asimila, el
sistema le canoniza, y sus teorías se someten al escru-
tinio de los «académicos». Ya lo tenemos disecado. A
fuerza de minuciosidad en el análisis se pierde de vista, sin imaginación, que aquello marginal de entonces

lo sigue siendo, que aquella sociedad de entonces muy poco más o menos es la de ahora, que las personas de allí las tenemos aquí, que los cambios tan enormes que la Declaración de la Independencia y la Constitución anticipaban siguen en buena medida sin realizarse. Y que a Henry Thoreau, «decimonónico y anticuado», «utópico e idealista», sin pragmatismo ni sentido de la realidad, visionario y medio excéntrico –es decir, apartado del centro–, se le puede estudiar sin peligro, porque se le tiene ya controlado, clasificado y neutralizado. La Academia es la especialista en estos menesteres: la «academia» hay que decir, por supuesto. Como tan certeramente nos cuenta Marcuse, ésta es la «pseudoneutralidad de la academia». Muy poco neutral, después de todo.

Si el trasfondo de «Una vida sin fundamentos» es el panorama general de los Estados Unidos de la época, el de «Desobediencia civil» es más concretamente el de la Guerra con México (1846-1848). Pretextando ridículas y supuestas ofensas por parte de los mexicanos, los Estados Unidos le declaran la guerra, toman Veracruz, le roban la mitad de su territorio al país vecino y firman la paz de Guadalupe Hidalgo. Todo así de sencillo. La guerra de México es, probablemente, el primer acto de jingoísmo clamoroso en la historia de los Estados Unidos. Noam Chomsky desempolvó el término en diciembre de 1986, a propósito de la venta engañosa de armas a Irán y del desvío de fondos para la «Contra» nicaragüense. Pero el escándalo es uno más de tantos. Thoreau se indigna ante la prepotencia, la agresividad y la marrullería de la acción norteamericana contra su país vecino. No le faltó más que acuñar la expresión. En una cancioncilla de *music hall* londinense de 1878 se decía:

We don't want to fight, but by Jingo if we do
We've got the ships, we've got the men
We've got the money, too!

(«No queremos luchar pero, por Jingo, sí lo hacemos, disponemos de los barcos, disponemos de los hombres y disponemos también del dinero»).

Se les empezó a llamar jingoístas a los defensores de la política de lord Beaconsfield, que propugnaba el envío de la flota británica a Turquía para impedir el alegado avance ruso sobre aquella zona. Por extensión, «jingoísta» fue, desde entonces, sinónimo de «patriotero vocinglero, chovinista». En los Estados Unidos, el primero, que se sepa, que utilizó el término fue el presidente de la Universidad de Harvard para descalificar las pretensiones agresivas de Teddy Roosevelt en 1895, por aquel entonces comisionado de la Policía de Nueva York, y que propugnaba sin más ni más la anexión inmediata del Canadá. Charles W. Eliot, entonces, no dudó en tachar de «jingoístas» al propio Roosevelt y a su ilustre amigo Henry Cabot Lodge, de luenga descendencia, y que sostenía la pintoresca teoría de que «lo que este país necesita es una guerra».

Muy poco más tarde, en 1898, los Estados Unidos ya tenían su «pequeña gloriosa guerra» en la isla de Cuba. Como la han tenido en Nicaragua, en Chile, en Granada o en Guatemala... La excepción a la regla fue Vietnam. A los ardientes defensores de la «liberación» de Cuba se les aplicó el mismo término de «jingoístas», aceptado, por cierto, por la Real Academia y definido como «del inglés *Jingo,* partidario de una política exterior agresiva. Patriotería exaltada que propugna la agresión contra las demás naciones». Por una vez, vale.

El jingoísmo norteamericano empieza de hecho antes que de palabra: Thoreau denuncia la agresión, critica los procedimientos, desvela los trucos y va a la cárcel, tan sólo una noche, pero se pasa seis años sin pagar impuestos que alimentan esa política gubernamental con la que él no está de acuerdo. Este nuevo escrito de Thoreau sigue la misma génesis y evolución que el resto de sus escritos y que el propio Thoreau resume en el tomo I de su *Diario,* página 413:

Desde todos los puntos cardinales, desde la tierra y desde el cielo, desde abajo y desde arriba, me han llegado estas inspiraciones y han quedado consignadas en su debido orden en mi diario. Después, a su debido tiempo, fueron aventadas en forma de conferencias, y de nuevo, oportunamente, pasaron de conferencias a ensayos.

Éste es también el caso de su famosa exhortación a la desobediencia civil.

Introducción

El ensayo apareció impreso por primera vez en mayo de 1849, en una revista que se llamaba un poco pretenciosamente *Aesthetic Papers* y de la que era mentora la cuñada de Hawthorne, Elizabeth Peabody, hermana de Sophia. La revista duró poco, porque aquel primer número fue, al mismo tiempo, el último. En enero y febrero de 1848, Henry Thoreau ya había soltado su soflama al menos en dos ocasiones, ambas en el famoso Liceo de Concord. Si Thoreau se descuida un poco, no le da tiempo, porque la guerra concluyó en ese mismo mes de febrero de 1848, aunque, desde luego, no como consecuencia del activismo de Thoreau. Todo hay que decirlo, porque pensar que al jingoísmo pueda detenerlo y eliminarlo una conferencia más o menos, un panfleto más o menos, un libro más o menos, sería ilusión desmedida y más que vana esperanza depositada en la fuerza de la razón. Los jingoístas, no es necesario decirlo –y tantos otros–, vencen pero no convencen, sin más dialéctica ni más razón que la de la fuerza.

Cuando en la tarde del 23 de julio de 1846 Thoreau abandonó momentáneamente su retiro de Walden Pond para acudir al zapatero, el carcelero de Concord le recordó que llevaba tiempo sin pagar impuestos. Thoreau se negó por principio a hacerlo, y Sam Staples, con toda consideración, le dijo que le ponía en el brete de tenerle que encerrar. Thoreau contestó que muy bien: y en un apartado significativo de su ensayo nos relata Thoreau su noche en la cárcel y las reflexiones que aquello le suscitó. Más tarde incorporó este fragmento al ensayo con una erudita alusión a Silvio Pellico, porque su experiencia la tituló «Mis prisiones». Realmente, en un país que encarcela injustificadamente, el único sitio digno para las gentes decentes es la cárcel.

«La esclavitud en Massachusetts»

Por lo que al tema de la esclavitud se refiere, la historia de los Estados Unidos está jalonada de «compromisos». Es cierto que, con frecuencia, en los «compromisos» interviene siempre un elemento innegable de buenas intenciones: pero tampoco hay que olvidar que «de buenas intenciones está empedrado el camino que conduce al infierno». El primer compromiso grave con respecto a la esclavitud lo encontramos ya en la mismísima Declaración de Independencia: el compromiso, evidentemente, estriba en que no lo encontremos. Ni la más mínima referencia al asunto de la «institución peculiar», según reza el eufemismo consagrado.

Sostenemos como verdades evidentes que todos los hombres nacen iguales; que a todos les confiere su Creador ciertos derechos inalienables, entre los cuales están la vida, la libertad y la búsqueda de la felicidad; que, para garantizar esos derechos, los hombres instituyen gobiernos que derivan sus justos poderes del consentimiento de los gobernados...

Introducción

¿O sea, los negros o los indios no son hombres? Eso debe ser.

Un segundo «compromiso» lo encontramos en la mismísima Constitución de los Estados Unidos: por mor de la Unión, que la esclavitud siga donde está, y no se instaure donde ya no exista. Un nuevo «compromiso» es el de Missouri de 1820 –ya nos acercamos a Thoreau–. Para admitir en la Unión a Missouri como nuevo Estado se desgaja de la *Commonwealth* de Massachusetts el actual Estado de Maine. El empate de once Estados libres y once Estados esclavistas se mantenía, esta vez a doce. Después de la compra de la Louisiana, la esclavitud en los eventuales nuevos territorios o Estados se proscribía al norte del paralelo 36° 30', excepto el territorio mismo de Missouri, en el que se admitía la esclavitud.

Todavía un nuevo compromiso, el de 1850. Verdaderamente se estaba empezando a cumplir la predicción de Emerson cuando la guerra de México: «Puede que los Estados Unidos conquisten México, pero si ello sucede le acontecerá lo que al hombre que ingiere arsénico y muere. México nos envenenará».

Realmente, la cuestión del atropello y el robo descarado a México, con su anexión de inmensos territorios nuevos, proyectó mucho más allá de Missouri el problema de la esclavitud. La evasión de negros hacia el Norte, preferentemente a Canadá, ya había comenzado. Y entonces Henry Clay, como nuevo compromiso ante la Unión de nuevo amenazada, introdujo en el Congreso una propuesta de resolución de ocho puntos fundamentales. Cuatro de estos puntos se referían al tema del comercio de esclavos, y uno de ellos específicamente, la *Fugitive Slave Act,* reforzaba las medidas de fuerza para que los negros evadidos, y aun refugiados en Estados libres, fueran devueltos a sus legítimos «propietarios». Sobre esta Ley de Esclavos Fugitivos el propio Emerson reflexionaba en su *Diario:* «Esta sucia ley se ha promulgado, en pleno siglo XIX, por gentes que saben leer y escribir. ¡Por Dios que no la obedeceré!».

La reacción de Henry Thoreau ante esta sucia norma legal, y ante el caso concreto del esclavo evadido Anthony Burns, detenido en Boston el 24 de mayo de 1854, la encontramos en el tomo VI del *Diario,* páginas 313 y siguientes. Muy poco después, a Henry Thoreau se le invita a pronunciar un discurso con motivo de la celebración del Día de la Independencia, el 4 de julio de 1854. Se organiza un acto paralelo a las conmemoraciones oficiales, en Framingham, y allí Henry Thoreau suelta esta nueva soflama sobre «La esclavitud en Massachusetts». Una pequeña obra maestra de sarcasmo, pletórica de indignación moral, que recuerda de modo espontáneo la afirmación de Merleau-Ponty: «Al revolucionario no lo hace la ciencia, sino la indignación ética». La ira de Thoreau ante semejantes «compromisos», incluido el de la Constitución que él menciona expresamente, se desata incontenible en este documento que en seguida vio la luz, impreso, en *The Liberator,* de William Lloyd Garrison, el día 21 de ese mismo mes y año.

Introducción

Pocos escritos de Thoreau rebosan tanto de lógica revolucionaria, de ataque frontal al sistema, de desprecio abierto y declarado a unas leyes injustas e inmorales, consagradas por unos políticos interesados pero no por Dios, ni por la ley natural, ni por la propia conciencia. Thoreau se muestra inmisericorde con los órganos de prensa, las iglesias o los hombres públicos, con la administración de justicia y los magistrados, con la policía y el ejército, colaboradores irracionales y serviles de unas decisiones del Congreso de los Estados Unidos que carecen, por este mismo hecho, de legitimidad alguna para inducir o forzar a nadie a semejantes bajezas.

La prosa de Thoreau es incontenible; su desprecio, irrefrenable. Nada de compromisos; viene más o menos a decir: ni en el contenido ni en las formas. Thoreau lleva a cabo también «el elogio del panfleto y la reivindicación de la demagogia», simplemente llamándole pan al pan, vino al vino, y al compromiso para seguir perpetuando la esclavitud, traición a todos los proclamados ideales de la Unión, desde la independencia hasta estos mismos días, los suyos y los nuestros.

Y es que la libertad de expresión no ha producido una dialéctica enriquecedora, sino el rebaje a un miserable parloteo, plagado de lugares comunes, donde todos se han obligado, merced al diabólico mecanismo de la autocensura, a batirse en un terreno de juego que a base de concesiones ha pasado de ser un estadio olímpico a convertirse en un armario empotrado. Al campo le han puesto puertas, alambradas, paredes y techo, sobre todo techo». (José María Izquierdo, *El País,* «Elogio del panfleto y reivindicación de la demagogia», 7 de febrero de 1986, pp. 11 y 12).

Thoreau, libre totalmente de prejuicios y de compromisos, enfurecido ante las iniquidades que contempla, escribe, pronuncia en público y, más tarde, publica su ataque frontal a la injusticia y el pasteleo. Y es capaz de hacerlo con absoluta libertad de palabra, porque mucho antes y previamente ha conquistado, para sí mismo, la libertad de pensamiento. A Thoreau sí le quedan, realmente, la voz, la palabra y la calle. Y es que como no aspira a cargo político alguno, ni a prebendas o sinecuras en ningún pesebre, denuncia la esclavitud abiertamente, y las innobles medidas legales dictadas por el Congreso para perpetuarla «sin poner en peligro la Unión de los Estados».

Otro de los acontecimientos que está en el fondo de este apasionado alegato de Henry Thoreau se encuentra, igualmente, en un nuevo «compromiso», esta vez alentado y formulado por Stephen Douglas, la denominada *Kansas-Nebraska Act* de 1854. Douglas, un político prominente y con ambiciones, naturalmente buscaba la cuadratura del círculo al anular la cláusula del Compromiso de Missouri relativa a los 36° 30' y sustituirla por una nueva disposición según la cual cada territorio o nuevo Estado, de acuerdo con la voluntad mayoritaria de su población censada, aceptaría o rechazaría la legalidad o no de la esclavitud. Con esto Douglas intentaba «satisfacer las aspiraciones del Sur sin ofender las del Norte». Como de costumbre, la esclavitud, o la antropofagia, o la guerra, dejadas por los políticos a la «legitimación» de las urnas. Éste es el género de democracia que Thoreau no puede jamás aceptar, y así lo declara una y otra vez en sus escritos: aunque la esclavitud quede sancionada en la Constitución de los Estados Unidos, como así sucede, hay que ser antiesclavista, anticonstitucional en este punto concreto, y si es necesario arrastrar el remoquete de antidemócrata: a Thoreau le tiene muy sin cuidado. Su conciencia, la ley divina –lo que quiera que ello sea– y el respeto a la dignidad de la persona humana, de toda persona humana, están muy por encima de cualquier otra consideración. Y, no hace falta decirlo, muy por encima de cualquier «compromiso».

Un negro fugado, Thomas Sims, y más tarde otro, Anthony Burns, apresados en Massachusetts, Estado «libre», son devueltos a sus amos. Los dos casos tuvieron amplias repercusiones, desde la detención, el simulacro de juicio, el intento de rescate por parte de ciudadanos indignados con sus autoridades, serviles y cumplidoras de una letra de ley: si despreciable la ley, mucho más su letra. Henry Thoreau se indigna de modo incontenible; y esta indignación es la espoleta que pone en marcha, también incontenible, su prosa. Pocos ensayos o discursos de Thoreau alcanzan tales límites de humor sarcástico, de furia desatada y de limpieza lógica en el razonamiento argumental.

«Apología del capitán John Brown»

Desde el punto de vista histórico, la figura del capitán John Brown es un fenómeno más que controvertido. Para unos, Brown no pasa de ser un facineroso, un asesino, un fanático y un loco. Para otros, al menos en su momento, John Brown fue una figura mítica, poco menos que un héroe, un luchador denodado contra el esclavismo y un defensor casi «caballeresco» de débiles e indefensos, de negros y esclavos, y de toda causa justa. Parece totalmente cierto que este hombre, en su afán de deshacer entuertos, cometió otros no menos lamentables.

John Brown estuvo en Concord al menos en tres ocasiones. A finales del invierno de 1857, John Brown fue a Concord para visitar a su amigo –y amigo de Thoreau– F. B. Sanborn. Desde luego, Thoreau lo conoció entonces, aunque de esta primera visita no hay ni rastro en el *Diario*. Brown regresó a Concord el 7 de mayo de 1859 y visitó a Emerson, charló también con Thoreau y siguió recogiendo donativos para la organización de los *underground railroads,* que ayudaban a la escapatoria hacia el Norte de los esclavos negros que buscaban su liberación, tanto como para la compra de armas. Por esas fechas, desde luego, John Brown ya había cometido algunas de sus fechorías, concretamente en Kansas, en mayo de 1836, en Pottawatomie Creek, cuando asesinó a sangre fría a varias personas, como consecuencia de los tumultos

Introducción

organizados con motivo de la *Kansas-Nebraska Act*. Y estaba a punto de consumar su «obra maestra» en Harper's Ferry, Virginia, el 16 de octubre de 1859.

El 19 de octubre llegaron noticias a Concord según las cuales John Brown había muerto en Harper's Ferry el día 18, como consecuencia de la lucha entablada con tropas federales para recuperar el arsenal del que Brown se había apoderado por la fuerza. Aquella noticia luego quedó desmentida, porque a John Brown lo cogieron vivo, lo sometieron a consejo de guerra y lo ajusticiaron, ahorcado, el día 2 de diciembre de 1859, al amanecer. En cualquier caso, a partir de esa fecha del 18 de octubre, después del ataque en Harper's Ferry, Thoreau reflexiona en su *Diario* amplísimamente sobre la figura y el significado de la acción de John Brown. Ahí tenemos el germen de sus varios ensayos sobre Brown, tomo XII a partir de la página 400: de ahí en adelante Thoreau reflexiona y escribe, y fragmentos enteros de estas reflexiones escritas van a pasar más tarde, como de costumbre, a sus discursos y a sus ensayos.

Walter Harding discute ampliamente, en su biografía de Thoreau, este episodio más que confuso con relación a John Brown. Según Harding, si Thoreau hubiera conocido las barbaridades perpetradas por Brown en Kansas, seguramente no se hubiera manifestado tan entusiasta defensor y admirador del capitán. Incluso del incidente en Harper's Ferry, Thoreau supo poco. Lo cierto, en cualquier caso, es que Thoreau se mostró siempre mucho más atraído por los ideales expresados por Brown que por Brown mismo. Como expresó tan certeramente Virginia Woolf, muchos años más tarde, «a Thoreau no le atrajo tanto Brown, cuanto la "brownidad"». Es una distinción por una vez feliz y muy significativa y elocuente de lo que a Henry Thoreau le acontece con John Brown.

A partir de la captura de John Brown el 18 de octubre de 1859, Thoreau se embarca en una frenética campaña en defensa del capitán y sus secuaces. Primero exigiendo un juicio justo, y luego tratando de movilizar a la opinión pública para así impedir la ejecución de la sentencia que le condenaba a muerte. Pero todo fue inútil. En su *Diario* reflexiona Thoreau por aquellas fechas:

> La puesta de sol del día 25 de octubre fue más que notable. Pero me resultaba difícil por entonces captar toda aquella belleza, mientras mi mente estaba saturada del capitán John Brown (XII, 443).

La primera vez que Thoreau pronunció su «Apología del capitán John Brown» fue el 30 de octubre de 1859, en el Town Hall de Concord, y casi nadie quiso acudir a la cita, medio atemorizados como estaban por las consecuencias peligrosas, de represión oficial, que correrían cuantos en aquel momento se manifestaran públicamente en defensa de Brown, en un clima de opinión negativo y manipulador que la mayoría de los periódicos llevaban a cabo en aquellos momentos. Incluso algunos de sus colegas abolicionistas le acon-

Introducción

sejaron que, por prudencia, se abstuviera de pronunciar aquel discurso incendiario en aquellos momentos de crisis. Thoreau les contestó: «No os he avisado buscando vuestros consejos, sino para haceros saber que pienso hablar». Y así lo hizo.

El primero de noviembre repitió el discurso, esta vez en Boston, y el día 3 en Worcester. Verdaderamente, la figura de John Brown había llegado a fascinar a Thoreau como, según Emerson, sólo lo habían conseguido otras dos personas: el indio Joe Polis, su guía de tantas horas, y el poeta maldito Whitman, tan maldito al menos como Poe, aunque de muchísima más calidad poética. Si Poe sobresale de modo extraordinario en el contexto de la literatura norteamericana, parece claro que ello se debe a otras aportaciones, no precisamente a la poética.

En cualquier caso, Henry Thoreau sigue escribiendo y hablando en defensa de John Brown. «Los últimos días de John Brown» es otra de sus piezas oratorio-ensayísticas de aquellas fechas. La coincidencia de fondo con los argumentos expuestos en «La esclavitud en Massachusetts» es evidente: de aquellos principios, estas consecuencias concretas. Y en ambos casos se podría también añadir, como en el caso de «Desobediencia civil», efecto todo ello de una misma causa: «Una vida sin fundamentos». De este modo se termina, de una vez por todas, con el mito o el prejuicio superficial de la «incoherencia» de Thoreau y su pensamiento. Tiene toda la razón Henry Miller, en un prólogo definitivo a este último ensayo

35

mencionado, pero primero de nuestra selección, cuando dice:

> Tan sólo hay cinco o seis hombres, en la historia de América, que para mí tienen un significado. Uno de ellos es Thoreau. Pienso en él como en un verdadero representante de América, un carácter que, por desgracia, hemos dejado de forjar. De ninguna manera es un demócrata, tal y como hoy entendemos el término. Es lo que Lawrence llamaría «un aristócrata del espíritu» [o un ácrata civilizado, también se podría apostillar]. O sea, lo más raro de encontrar sobre la faz de la tierra: un individuo. Está más cerca de un anarquista que de un demócrata, un comunista o un socialista. De todos modos, no le interesaba la política. Era un tipo de persona que, de haber proliferado, hubiera provocado la desaparición de los gobiernos, por innecesarios. Ésta es, a mi parecer, la mejor clase de hombre que una comunidad puede producir. Y por esto siento hacia Thoreau un respeto y una admiración desmesurados.

Algo de todo esto se le podría aplicar a Thoreau con respecto a su actitud hacia John Brown. Y, como muestra, esta «apología» que matiza, desde un nuevo punto de vista, de modo escalonado y perfectamente lógico y coherente, el tipo de personalidad que fue Henry Thoreau. «John Brown habría colocado del revés un acento griego; pero le habría ayudado a levantarse a un hombre caído.» En el pequeño esbozo biográfico que hace Thoreau en su ensayo, naturalmente la imaginación y la inventiva están muy por encima de lo estrictamente histórico: porque Thoreau, realmente, trasciende de lo particular a lo general, de lo específico a lo genérico, del John Brown de carne y hueso a la «brownidad» que aquél le parece encarnar y en cuya defensa Thoreau se había comprometido siempre, y se sigue comprometiendo ahora –con qué género tan diametralmente opuesto de compromiso al estudiado en páginas anteriores– hasta sus últimas consecuencias. De un «compromiso» a otro «compromiso» media el mismo abismo semántico que media entre «transigencia» y «radicalidad», entre «prudencia» y «honradez», entre «verdades a medias» y «Verdad»; en fin, entre «política» y «ética». Y el juego de palabras, también muy thoreausiano.

Henry Thoreau lleva a cabo su apología del capitán John Brown de acuerdo con su conciencia, no con la oportunidad –o con el oportunismo– que las circunstancias dictan. Por eso es hombre grande.

Conclusión

Como se ha comentado en otro sitio, León Felipe nos lo tiene dicho de forma magistral: «En la mañana nos bautizan; al mediodía, el sol ha borrado nuestro nombre; al atardecer, quisiéramos bautizarnos nosotros». David Henry Thoreau fue bautizado por sus padres y, a lo largo de su infancia y sus años de estudios, David Henry siguió firmando David Henry. Al salir de Harvard decide cambiar de nombre, y lo hace a su manera característica: sin acudir al registro civil, sin hacerlo de modo oficial y sin atender para nada a cuestiones legales. También él podría muy bien afirmar aquello de que «lo menos real de mi persona es mi realidad legal». Hace lo que quiere, porque quiere y cuando quiere: y a partir de entonces es Henry David, o casi siempre Henry a secas. Para escándalo de sus vecinos de Concord, a los que les parecía una irreverencia cambiar el curso de los acontecimientos «normales» y «consabidos». Incluso hasta después de su muerte existen testimonios pintorescos en este sentido. Cita Harding a una tal señora de Daniel Chester French, que en su obra *Memorias de la esposa de un escultor* –tres palabras y dos etiquetas– dice textualmente, a este respecto, con una indignación digna de mejor causa:

Henry D. Thoreau-Henry D. Thoreau... Su nombre verdadero no es Henry D. Thoreau más de lo que el mío propio es Henry D. Thoreau. Y todo el mundo lo sabe, y él mismo lo sabe. ¡Su nombre es David Henry y nunca será de ninguna otra forma, sino David Henry! ¡Y él lo sabe!

Realmente pintoresca la «esposa» de un «escultor». Henry David Thoreau es una de las figuras de mayor belleza de la historia del pensamiento americano del siglo XIX:

Porque de tres cosas depende la belleza: primero, de la integridad o perfección, y por eso consideramos feo lo que está incompleto; luego, de la justa proporción, o sea, de la consonancia; por último, de la claridad y la luz, y, en efecto, decimos que son bellas las cosas de colores nítidos.

Permítasenos la analogía para concluir y completar esta semblanza, apresurada y fragmentaria, de Henry Thoreau: su integridad, la consonancia, la claridad y la luz que se desprenden de la vida y la obra de este hombre ejemplar y entrañable; poner todo esto de relieve ha sido la intención de esta introducción. Esperemos que el lector, con la lectura de los cuatro ensayos que siguen, llegue a sus propias conclusiones en contacto directo, el único válido e importante, con la obra ensayística de Henry Thoreau, que, en un momento determinado de su vida, decidió cambiar de nombre y ser «él mismo». «A decir verdad, siendo niño ya leí un anuncio, para marineros con experiencia, un día que paseaba por mi pueblo natal: y, en cuanto tuve la edad, me embarqué.» Es la apasionante aventura de construirse a sí mismo, es decir, de «hacerse hombre». La metáfora procede de «Una vida sin principios»: se embarcó en su momento y sigue navegando. Porque, como afirmaba Emerson en el elogio funeral, que leyó en su entierro,

su alma estaba hecha para la más noble de las comunidades; agotó en su corta vida con intensidad las capacidades de este mundo; donde exista conocimiento, donde haya virtud, en donde exista la belleza, allí tiene Thoreau su propia casa.

Henry Thoreau murió a las nueve de la mañana del día 6 de mayo de 1862. El día 5 de mayo vinieron a visitarle sus amigos Alcott y Channing y ya lo encontraron moribundo. Cuando Alcott, el venerable Alcott, abandonaba la habitación del enfermo, se inclinó respetuosamente y le besó la frente a Henry Thoreau. Más tarde recordaba Channing la escena:

> Fue conmovedor ver a este hombre venerable besándole la frente, cuando ya los indicios de la muerte se habían apoderado de ella, aunque ya Henry no se diera cuenta. Me pareció como la extremaunción oficiada por el mejor sacerdote posible: un amigo.

Cuando el propio Alcott llevó a cabo los preparativos para el funeral, solo hizo, con muy buen criterio, seguirle los pasos al propio Thoreau y organizar todo igual que Henry había hecho para el funeral de John Brown. El servicio fúnebre tuvo lugar el día 9 de mayo de 1862 a las tres de la tarde. «El país no sabe todavía –dijo Emerson–, ni en lo más mínimo, qué grande es el hijo que ha perdido.» Ahora, más de cien años más tarde, el país sigue sin saberlo.

Gandhi, que sí lo supo, escribió en su *Autobiografía*: «Es mejor ser analfabeto y picar piedra o destripar terrones por amor a la libertad, que adquirir una cultura literaria y permanecer, a pesar de ella, encadenado como un esclavo». Henry Thoreau fue un hombre libre: ¿cabe más?

Introducción

Esta edición

Con respecto al volumen que aquí se presenta hay que hacer las siguientes observaciones:

1.ª La introducción es una breve síntesis o resumen de un trabajo mucho más amplio, ya redactado en su integridad, con destino a un proyecto más extenso. La aparente desproporción entre la bibliografía consignada y la bibliografía utilizada obedece a este hecho que exigencias editoriales ineludibles han propiciado.

2.ª La base para la traducción procede de la *Norton Anthology of American Literature,* que recoge los cuatro textos en una versión fidedigna.

3.ª La traducción de los cuatro textos ha sido cuidadosamente realizada por María Eugenia Díaz, profesora del Departamento de Inglés de la Universidad de Salamanca.

4.ª Las notas que acompañan a los cuatro ensayos se han confeccionado de acuerdo con los siguientes criterios:

- En lo que se refiere a datos «objetivos» –fechas, nombres, hechos concretos, etc.–, reconozco mi deuda con el *Oxford Companion to American Literature,* con *The Limits of Liberty* de Maidwyn A. Jones, con *The Reader's Encyclopedia of American Literature* de Max J. Herzberg, y con la edición anotada de los cuatro ensayos de la ya mencionada *Norton Anthology of American Literature,* volumen primero.

- Algunas notas muy obvias en publicaciones con destino a un público norteamericano las he suprimido cuando las he considerado irrelevantes para un público español.
- Y, a la inversa, he añadido las notas que me han parecido oportunas, teniendo en cuenta el público español al que esta edición va destinada.

Bibliografía básica

The writings of Henry David Thoreau, Houghton, Mifflin, Nueva York, 1906. La denominada «Walden edition» consta de siete volúmenes: 1. *A Week on the Concord and Merrimack Rivers*. 2. *Walden, or life in the woods*. 3. *Maine Woods*. 4. *Cape Cod, and Miscellanies*. 5. *Excursions and Poems*. 6. *Familiar Letters*. 7. *Journal*. Recogido todo ello en la *Library of American Civilization*, microfichas núms. 24.911-24.029.

1. Carl BODE (ed.), *The Portable Thoreau*, Penguin Books, 1983.
2. Owen THOMAS (ed.), *Walden and Civil Disobedience*, W. W. Norton and Co., Inc., Nueva York, 1966.
3. Bradford TORREY y Francis H. ALLEN (eds.), *The Journal of Henri David Thoreau*, (los 14 volúmenes editados en 2). Dover Publications Inc., Nueva York, 1962; vols. I-VII, 1837, octubre, 1855; vols. VIII-XIV, noviembre, 1855-1861.
4. Raymond R. BORST, *H. D. Thoreau: A Descriptive Bibliography*, University of Pittsburgh Press, Pittsburgh, 1982.
5. Floyd STOVALL (ed.), *Eight American Authors: A Review of Research and Criticism*, W. W. Norton and Co., Nueva York, 1963, 153-206, Lewis Leary, «Thoreau».
6. Ralph Waldo EMERSON, «Thoreau», en Edmund Wilson (ed.), *The Shock of Recognition*, vol. I, Octagon Books, Nueva York, 1975, pp. 208-228.
7. James Russell LOWELL, «Thoreau», *ibid.*, pp. 229-243.
8. William Ellery CHANNING, *Thoreau: The Poet-Naturalist*, Roberts Brothers, Boston, 1873, ed. recogida en la *Library of American Civilization*, microficha n.° 11.860.

9. Walter HARDING, *The Days of Henry Thoreau. A Biography,* Alfred A. Knopf, Nueva York, 1967.
10. Walter HARDING (ed.), *The Thoreau Centennial,* State University of New York Press, Nueva York, 1964.
11. Milton MELTZER y Walter HARDING, *A Thoreau Profile,* Thomas Y. Crowell Co., Nueva York, 1962.
12. Walter HARDING, *A Thoreau Handbook,* Nueva York University Press, Nueva York, 1959.
13. Walter HARDING y Michael MEYER, *The New Thoreau Hand-Book,* New York University Press, Nueva York, 1980.
14. Sherman PAUL (ed.), *Thoreau: A Collection of Critical Essays.* Prentice-Hall Inc., Englewood Cliffs, N. J., 1962.
15. Wendell GLICK, *The Recognition of Henry David Thoreau: Selected Criticism since 1848,* The University of Michigan Press, Ann Arbor, 1969.
16. Leon EDEL, *Thoreau,* University of Minnesota Pamphlets on American Writers, n.° 90. University of Minnesota Press, Minneapolis, 1970.
17. Richard LEBEAUX, *Young Man Thoreau,* University of Massachusetts Press, Amherst, 1977.
18. Frederick GARBER, *Thoreau's Redemptive Imagination,* New York University Press, Nueva York, 1977.
19. Robert F. SAYRE, *Thoreau and the American Indians,* Princeton University Press, Princeton, 1977.
20. Edward WAKENKNECHT, *Henry David Thoreau: What Manner of Man?,* The University of Massachusetts Press, Amherst, 1981.
21. Vernon Louis PARRINGTON, *Main Current in American Thought. 2. The Romantic Revolution, 1800-1860,* Harcourt Brace and Co., Nueva York, 1930. «III. Thoreau», pp. 400-413.
22. F. O. MATTHIESSEN, *American Renaissance,* Oxford University Press, Nueva York, 1968. pp. 3-175, «From Emerson to Thoreau».
23. Charles FEIDELSON. Jr., y Paul BRODTKORB, Jr. (eds.), *Interpretations of American Literature,* Oxford University Press, Oxford-Londres-Nueva York, 1968, X, Sherman Paul, «Resolution at Walden», pp. 161-175.
24. FINE y YOUNG (eds.), *American Literature: A Critical Survey. I,* Van Nostrand Reinhold Co., Nueva York, 1968, pp. 164-222.
25. Henning COHEN (ed.), *Landmarks of American Writing,* Basic Books, Nueva York, 1969, pp. 134-143, Walter Harding, sobre *Walden.*
26. Leo MARX, *The Machine in the Garden,* Oxford University Press, Nueva York, 1973, pp. 227-353.
27. Matthew BRUCCOLI (ed.), *The Chief Glory of Every People: Essays on Classic American Writers,* Southern Illinois University Press, Carbondale and Edwardsville, 1973.

Bibliografía básica

28. Robert D. RICHARDSON, *Myth and Literature in the American Renaissance,* Indiana University Press, Bloomington, 1978.
29. Philip F. GURA y Joel MEYERSON (eds.), *Critical Essays on American Transcendentalism,* G. K. Hall, Boston, 1980.
30. Joel MYERSON, *The New England Transcendentalist and the Dial,* Fairleigh Dickinson University Press, Londres, 1980.
31. Malcolm BRADBURY y Howard TEMPERLEY (eds.), *Introduction to American Studies,* Longman, Londres/Nueva York, 1984.
32. Rod W. HORTON y Herbert W. EDWARDS, *Backgrounds of American Literary Thought,* Prentice-Hall Inc., Englewood Cliffs, N. J., 1974.
33. Maldwyn A. JONES, *The Limits of Liberty. American History 1607-1980,* Oxford University Press, Nueva York, 1983.
34. Peter J. PARISH, «Slavery», *BAAS Pamphlets,* n.º 1, 1979.
35. Ramón Eduardo RUIZ (ed.), *The Mexican War,* American Problem Studies, Holt, Rinehart and Winston, Nueva York, 1963.
36. Jerome LAWRENCE y Robert E. LEE, *The Night Thoreau Spent in Jail,* Bantam Books, Nueva York, 1970.
37. Henry David THOREAU, *Walden y Del deber de la desobediencia civil,* prólogo de Henry Miller, traducción de Carlos Sánchez-Rodrigo, Ediciones del Cotal, Barcelona, 1976.
38. Henry David THOREAU, *Desobediencia civil y otros escritos,* introducción, comentarios y notas de Félix García Moriyón, Zero, Madrid, 1985.
39. Ángeles PALACÍN DE LA VEGA, *Fe en el destino manifiesto de los Estados Unidos de América. Sobre la influencia de Emerson en Walt Whitman,* Leira, Pozuelo de Alarcón, Madrid, 1968.
40. Javier y Juan José COY, «Verdad histórica y verdad poética en Hawthorne y Melville», en *Las mejores novelas de la literatura universal,* t. VI, CUPSA, Madrid, 1982.
41. «Mark Twain y Hamlin Garland: el Viejo Mundo a la luz del Nuevo», en *Las mejores novelas de la literatura universal,* t. VII, CUPSA, Madrid, 1982.
42. «William Dean Howells y Henry James: Europa y América se cruzan», en *Las mejores novelas de la literatura universal,* t. VIII, CUPSA, Madrid, 1982.

Addenda a la bibliografía

1. Juan José COY, introducción y notas a *Una vida sin principios,* Universidad de León, colección «Taller de Estudios Norteamericanos» número 22, León, 1995, 62 páginas.

Juan José Coy

2. Henry THOREAU, *Sobre el deber de la desobediencia civil,* introducción, traducción y notas de Antonio Casado da Rocha, edición crítica bilingüe, Iralka, Irún, 1995, 86 páginas.
3. Juan José COY, «El mundo de Henry Thoreau: utopía y realidad», en *Entre el espejo y el mundo,* Universidad de Valencia, 2004, pp. 121-150.
4. Henry David THOREAU, *Walden,* edición de Javier Alcoriza y Antonio Lastra, Cátedra, Letras Universales 375, Madrid, 2005.
5. Antonio CASADO DA ROCHA, *Thoreau: Biografía esencial, prólogo de Joaquín Araújo,* Acuarela Libros, Madrid, 2005.
6. William ROSSI (ed.), *Walden and Resistance to Civil Government,* A Norton Critical Edition, segunda edición, W. W. Norton, Nueva York, 1991.
7. Henry THOREAU, «A Week on the Concord and Merrimack Rivers», «Walden», «The Maine Woods», «Cape Cod», *The Library of America,* notas y selección de textos de Robert F. Sayre, Literary Classics of the United States, Nueva York, 1985.
8. Robert F. SAYRE (ed.), *New Essays on Walden,* Cambridge, MS, 1992, General Editor Emory Elliot.
9. Frederick GARBER «Thoreau», pp. 399-412 de Emory Elliot ed., *Columbia Literary History of the United States,* Columbia University Press, Nueva York, 1988. Hay traducción española de esta obra publicada en la Editorial Cátedra, Madrid, 1991, «Thoreau», pp. 385-397, traducción de María Coy Girón y la colaboración de Juan José Coy.

Desobediencia civil
y otros escritos

Una vida sin principios[1]

No hace mucho experimenté en un ateneo la sensación de que el conferenciante había elegido un tema que le era absolutamente desconocido y por tanto no conseguía interesarme tanto como hubiera sido de esperar. Hablaba de cosas de las que no estaba convencido y sus argumentos eran débiles y simples. Además no había un pensamiento central o centralizador a lo largo de la conferencia. Hubiera preferido que hablara de sus experiencias más íntimas, como hace el poeta. El mayor elogio que me dedicaron en toda mi vida fue cuando alguien me preguntó qué «opinaba» y esperó mi respuesta. Cuando ocurre algo así me

---

1. Publicado en el *Atlantic Monthly* en octubre de 1863. Se sigue en la traducción esa versión. Como dice Walter Harding, este ensayo de Thoreau es incuestionablemente el favorito de los verdaderos «aficionados» a Thoreau. (El término «aficionados», en español en el original.) Sobre el largo proceso de elaboración y corrección de este ensayo, véase la Introducción.

sorprendo, aunque por supuesto me agrada, ya que se hace un uso tan poco corriente de mí, que siento como si se me conociera y respetara. Normalmente, si alguien quiere algo de mí, es sólo para saber cuántos acres mide su tierra –pues soy agrimensor– o, a lo sumo, para saber de qué noticias triviales me he enterado. Nunca parece interesar mi esencia, sino sólo mi superficie. Un hombre vino una vez desde bastante lejos para pedirme que diera una conferencia sobre la esclavitud, pero al hablar con él descubrí que su camarilla esperaba reservarse siete octavos de la conferencia y sólo un octavo sería para mí; por tanto, decliné la invitación. Cuando se me invita a dar una conferencia en cualquier sitio –pues tengo cierta experiencia en ese menester– doy por supuesto que existe un deseo de oír mis opiniones sobre algún tema, aunque yo sea el mayor chiflado del país, y desde luego no de que me limite a decir sólo cosas agradables o aquello con lo que esté de acuerdo el auditorio. Con estas condiciones me comprometo a entregarles una fuerte dosis de mí mismo. Me han venido a buscar y se han comprometido a pagarme; a cambio estoy dispuesto a entregarme a ellos, aunque les aburra lo indecible.

Así pues, ahora os diría algo similar a vosotros, lectores. Puesto que «vosotros» sois mis lectores y yo no he viajado mucho, no hablaré de gentes a miles de kilómetros de distancia sino de aquellos que están más cerca de nosotros. Como hay poco tiempo, dejaré de lado la adulación y expondré todas las críticas.

Una vida sin principios

Consideremos el modo cómo pasamos nuestras vidas.

Este mundo es un lugar de ajetreo. ¡Qué incesante bullicio! Casi todas las noches me despierta el resoplido de la locomotora. Interrumpe mis sueños. No hay domingos. Sería maravilloso ver a la humanidad descansando por una vez. No hay más que trabajo, trabajo, trabajo. No es fácil conseguir un simple cuaderno para escribir ideas; todos están rayados para los dólares y los céntimos. Un irlandés, al verme tomar notas en el campo, dio por sentado que estaba calculando mis ganancias. ¡Si un hombre se cae por la ventana de niño y se queda inválido o si se vuelve loco por temor a los indios, todos lo lamentan principalmente porque eso le incapacita para... trabajar! Yo creo que no hay nada, ni tan siquiera el crimen, más opuesto a la poesía, a la filosofía, a la vida misma, que este incesante trabajar[2].

Un tipo codicioso, rudo y violento de las afueras de nuestra ciudad va a construir un muro al pie de la colina rodeando su propiedad. Las autoridades le han metido esto en la cabeza para evitar que origine otros problemas y él quiere que me pase tres semanas allí cavando a su lado. Al final, él quizás acaparará más dinero y se lo dejará a sus herederos para que éstos lo despilfarren. Si lo hago, muchos me alabarán por ser

2. El constante elogio a la pereza, o el ocio creativo, es cosa muy distinta de la holgazanería. Thoreau elabora una antítesis a las tesis de Franklin sobre la laboriosidad, con raíces en la ética puritana del trabajo por el trabajo, o en las doctrinas calvinistas alentadoras del capitalismo crudo.

51

un hombre trabajador y laborioso, pero si me dedico a otras faenas que me proporcionan más beneficio, aunque menos dinero, comenzarán a mirarme como a un holgazán. De todos modos, como no necesito una política de trabajo inútil para ordenar mi vida, y no veo absolutamente nada digno de encomio en que este tipo emprenda más negocios que nuestro gobierno u otros gobiernos extranjeros, por muy divertido que le parezca a él o a ellos, yo prefiero terminar mi educación en una escuela diferente.

Si un hombre pasea por el bosque por placer todos los días, corre el riesgo de que le tomen por un haragán, pero si dedica el día entero a especular cortando bosques y dejando la tierra árida antes de tiempo, se le estima por ser un ciudadano trabajador y emprendedor. ¡Como si una ciudad no tuviera más interés en sus bosques que el de talarlos!

La mayoría de los hombres se sentirían insultados si se les empleara en tirar piedras por encima de un muro y después volver a lanzarlas al otro lado, con el único fin de ganarse el sueldo. Pero hay muchos individuos empleados ahora mismo en cosas menos provechosas aún. Por ejemplo, antes del amanecer, una mañana de verano, divisé a un vecino mío caminando con su yunta de bueyes que cargaba lentamente una piedra grande colgando del eje. Parecía envuelto en una atmósfera de laboriosidad; comenzaba su jornada de trabajo y le sudaba la frente –un reproche para todos los gandules y vagos–. Se paró frente al lomo de uno de sus bueyes y dio media vuelta para ostentar su misericordioso látigo mientras ellos avanzaban hacia él. Y yo pensé: éste es el trabajo que debe proteger el Congreso americano, el esfuerzo honrado y viril, honrado como el discurrir diario del sol sobre nosotros que hace que tengamos pan fresco cada mañana y que la sociedad cultive la cordialidad, algo que todo el mundo respeta y venera: era un ser humano llevando a cabo una faena necesaria aunque penosa. Ciertamente sentí un leve reproche porque me limitaba a observar desde la ventana y no estaba afuera, realizando un trabajo semejante. Pasó ese día y por la noche crucé el patio de otro vecino que tiene muchos criados y despilfarra el dinero, al tiempo que no hace nada de provecho, y allí reconocí la piedra de por la mañana junto a una estructura extravagante pretendiendo adornar el patio de Lord Timothy Dexter[3] e inmediatamente se desvaneció a mis ojos la dignidad del trabajo del carretero. A mi parecer, el sol luce cada día para alumbrar labores más provechosas que ésta. Debo añadir que poco después, el tal Dr. Dexter se fugó dejando deudas por toda la ciudad y, tras pasar por los tribunales, se habrá establecido sin duda en cualquier otra parte para convertirse de nuevo en un mecenas de las artes.

---

3. El término «Lord» es por supuesto irónico, porque Dexter, de Newburyport, Massachusetts, no era más que un nuevo rico, pretencioso y estúpido, que se había enriquecido de la noche a la mañana. Se construyó un «palacio» amueblado y decorado con un mal gusto legendario. En definitiva, el tal Dexter era un hortera venido a más.

Los caminos por los que se consigue dinero, casi sin excepción, nos empequeñecen. Haber hecho algo por lo que «tan sólo» se percibe dinero es haber sido un auténtico holgazán o peor aún. Si un obrero no gana más sueldo que el que le paga su patrón, le están engañando, se engaña a sí mismo. Si ganaras dinero como escritor o conferenciante, sería que eres popular, lo cual implica un descenso perpendicular. Esos servicios por los que la comunidad está más dispuesta a retribuir son los más desagradables de cumplir. Se te paga para que seas menos que un hombre. Normalmente el Estado no recompensa a un genio con más benignidad. Incluso el poeta laureado preferiría no tener que ensalzar los incidentes de la realeza. Se le tiene que sobornar con un tonel de vino, y tal vez se aparte de su musa a otro poeta para que beba de ese mismo tonel. Respecto a mis propios negocios, resulta que el tipo de trabajo de agrimensura que yo podría hacer con la mayor satisfacción no satisface a los que me contratan. Ellos preferirían que hiciera un trabajo burdo y no demasiado bien, no lo suficientemente bien. Cuando hago notar que hay distintos modos de medir, mi patrón generalmente me pregunta cuál le proporcionaría más metros, no cuál es el más exacto. Una vez inventé una regla para cubicar la madera cortada en trozos de metro y traté de introducirla en Boston, pero el agrimensor de allí me dijo que los que vendían no deseaban que se midiera su madera con exactitud, que él era ya demasiado justo para ellos, y por tanto siempre medían su madera en Charlestown antes de cruzar el puente.

Una vida sin principios

El propósito del obrero debiera ser, no el ganarse la vida o conseguir «un buen trabajo», sino realizar bien un determinado trabajo, y hasta en un sentido pecuniario sería económico para una ciudad pagar a sus obreros tan bien que no sintieran que estaban trabajando por lo mínimo, para seguir viviendo sin más, sino que trabajaban por fines científicos o morales. No contrates a un hombre que te hace el trabajo por dinero, sino a aquel que lo hace porque le gusta.

Es significativo que existan pocos hombres tan bien empleados, que trabajen tan de acuerdo con sus intereses, que un poco de dinero o fama no les arranque de su tarea actual. Veo muchos anuncios para jóvenes «activos», como si la actividad fuera la virtud fundamental de un joven. Sin embargo, me sorprendí cuando alguien me propuso en confianza, un hombre adulto, que me embarcara en una de sus empresas, como si yo no tuviera nada que hacer o mi vida hubiese sido un completo desastre hasta ese momento. ¡Qué dudoso cumplido me dedicó! ¡Como si me hubiese encontrado en medio del océano luchando contra el viento y sin tener adónde dirigirme y me propusiera que le siguiera! Si lo hiciera, ¿qué creéis que dirían los hombres de las compañías de seguros? ¡No, no! No estoy sin empleo a estas alturas del viaje. A decir verdad, vi un anuncio para marineros con experiencia cuando era niño, paseando por mi pueblo natal, y en cuanto tuve la edad, me embarqué[4].

4. Sentido metafórico ya explicado en la Introducción.

La comunidad carece del soborno capaz de tentar al hombre sabio. Podéis juntar dinero suficiente para perforar una montaña, pero no podréis juntar dinero suficiente para contratar el hombre que está ocupándose de sus asuntos. Un hombre eficiente y valioso hace lo que sabe hacer, tanto si la comunidad le paga por ello como si no le paga. Los ineficaces ofrecen su ineficacia al mejor postor y están siempre esperando que les den un puesto. Como podemos imaginar, raramente se ven contrariados.

Tal vez esté siendo más celoso que nunca de mi libertad. Siento que mi conexión y mi obligación para con la sociedad son aún débiles y transitorios. Esos leves trabajos que me reportan el sustento y por los cuales se me permite que sea útil de algún modo a mis contemporáneos, me son tan agradables que casi nunca recuerdo que son una necesidad. Hasta ahora voy teniendo éxito, pero preveo que si mis necesidades aumentan mucho, el trabajo requerido para satisfacerlas se convertirá en una labor penosa. Si tuviera que vender mis mañanas y mis tardes a la sociedad, como hace la mayoría, estoy seguro de que no me quedaría nada por lo que vivir. Confío en que jamás venderé mi primogenitura por un plato de lentejas[5]. Lo que pretendo sugerir es que un hombre puede ser muy trabajador y en cambio no emplear bien su tiempo. No hay mayor equivocación que consumir la mayor parte de la vida en ganarse el sustento.

5. Génesis 25, 34.

Todas las grandes empresas se automantienen. El poeta, por ejemplo, debe alimentar su cuerpo con la poesía al igual que la máquina de vapor del aserradero alimenta sus calderas con las virutas que produce. Debéis ganaros la vida amando. Pero lo mismo que se dice de los comerciantes, que noventa y siete de cada cien fracasan, así la vida de los hombres medida por este patrón es generalmente un fracaso y se puede predecir el desastre.

Haber nacido heredero de una fortuna y nada más no es nacer sino nacer muerto. Que a uno lo mantenga la caridad de los amigos o una pensión del gobierno, supuesto que se sigue respirando, no importa qué hermosos sinónimos se empleen, es entrar en un asilo. Los domingos el pobre deudor va a la iglesia a hacer recuento de sus bienes y descubre, como es lógico, que sus gastos han sido mayores que sus ingresos. En la Iglesia católica especialmente, acuden a los confesionarios, se confiesan y renuncian a todo y tratan de volver a empezar. De este modo los hombres se acostarán hablando alegremente del pecado y nunca harán un esfuerzo por levantarse.

Respecto a la ambición de los hombres en la vida hay una diferencia importante entre dos tipos: unos están satisfechos con el éxito mínimo, con que sus modestas metas se alcancen de lleno; pero otros, por muy ínfima y desgraciada que sea su vida, elevan constantemente sus objetivos sobre el horizonte, aunque muy despacio. Preferiría con mucho ser el segundo de los dos, aunque como dicen los orientales: «La grandeza no se acerca al que siempre mira al suelo; y todos los que miran a lo alto, se están empobreciendo»[6].

Es sorprendente que haya tan poco o casi nada escrito, que yo recuerde, sobre el tema de ganarse la vida; cómo hacer del ganarse la vida no sólo algo valioso y honorable sino también algo apetecible y glorioso, porque si «ganarse» la vida no es de ese modo, esto no sería vivir. Cualquiera pensaría, revisando la literatura, que esta cuestión jamás turbó los pensamientos de un solo individuo. ¿Sucede acaso que la experiencia de los hombres es tan desagradable que no quieren hablar de ella? La lección más valiosa que enseña el dinero, la que nos ha enseñado el Creador del Universo con tanto esfuerzo, nosotros nos sentimos tentados a ignorarla. Y en cuanto a los medios de ganarse la vida, es maravilloso lo indiferentes que se muestran los hombres de todas las clases, incluso los llamados reformistas –tanto los que heredan, ganan el dinero o lo roban–. Yo creo que la sociedad no ha hecho nada por nosotros a este respecto y encima ha deshecho lo que habíamos conseguido. El frío y el hambre me parecen más acordes con mi naturaleza que esos métodos que han adoptado los hombres.

El adjetivo «sabio» está, por lo general, mal aplicado. ¿Cómo puede ser sabio el que no sabe mejor que otros cómo se ha de vivir?, ¿no será tan sólo un hom-

---

6. Confucio. En una época de su vida, como revela su *Diario*, Thoreau leyó bastante literatura oriental y quedó profundamente impresionado por la sabiduría china e hindú.

bre más astuto y más sutil?, ¿opera la sabiduría como el burro en una noria?, ¿o por el contrario nos enseña cómo tener éxito «siguiendo su ejemplo»? ¿Existe algún tipo de sabiduría que no se aplique a la vida?, ¿o es la sabiduría tan sólo el molinero que muele la lógica más fina? Es pertinente preguntarse si Platón «se ganó la vida» mejor o con mejores resultados que sus contemporáneos, ¿o sucumbió ante las dificultades de la vida como los demás hombres? ¿Sobresalió por encima de algunos por mera indiferencia o asumiendo aires de superioridad?, ¿o le resultó más fácil la vida porque su tía se acordó de él en su testamento? Las formas con las que la mayoría se gana la vida, es decir, viven, son simples tapaderas y un evitar el auténtico quehacer de la vida, y sucede así porque, en primer lugar, no saben; pero en parte también porque no quieren hacer nada por aprender algo mejor.

La afluencia masiva de buscadores de oro a California[7], por ejemplo, y la actitud no simplemente de los comerciantes, sino también de los filósofos y los profetas respecto a ella, refleja el gran desastre de la humanidad. ¡Que tantos esperen vivir de la suerte y así tener el modo de encargar el trabajo a otros menos afortunados y todo ello sin aportar nada a la sociedad! ¡Y a eso le llaman un negocio! No conozco desarrollo más sorprendente de la inmoralidad en el comercio y en los demás procedimientos habituales para ganarse

---

7. En 1849 comenzó la primera «fiebre del oro» que arrastró hacia California a miles de aventureros.

la vida. La filosofía y la poesía y la religión de semejante humanidad no merecen el polvo de un bejín. El cerdo que se gana el sustento hozando, removiendo la tierra, se avergonzaría de tal compañía. Si yo pudiera disponer de la riqueza de todos los mundos levantando un dedo, no pagaría semejante precio por ella. Incluso Mahoma sabía que Dios no ha hecho este mundo en broma. Esto convierte a Dios en un acaudalado caballero que tira un puñado de monedas porque le gusta ver a los hombres arrastrarse por el suelo. ¡La lotería del mundo! ¡Subsistir en el reino de la Naturaleza, algo que debemos echar a suertes! ¡Vaya una crítica, vaya sátira para nuestras instituciones! La consecuencia será que toda la humanidad se colgará de un árbol. ¿Y es esto lo que nos han enseñado los preceptos de todas las Biblias? ¿Acaso el último invento de la raza humana y el más digno de admiración es un simple rastrillo para basura? ¿Es bajo estas premisas donde confluyen los orientales y los occidentales? ¿Fue Dios quien nos indicó que ganáramos así la vida, cavando donde no plantamos, y que Él nos recompensaría acaso con una pepita de oro?

Dios entregó al hombre honrado un certificado capacitándolo para alimentarse y vestirse, pero el hombre malvado encontró un facsímil del mismo en los cofres de Dios, se apropió de él y obtuvo alimento y vestido como el primero. Es uno de los sistemas de falsificación más extendidos que conoce el mundo. Yo no sabía que la humanidad padeciera por falta de oro. Yo lo he visto en pequeña cantidad. Sé que es muy maleable, pero no tan maleable como el ingenio. Un grano de oro puede dorar una gran superficie, pero no tanto como un grano de buen juicio.

El buscador de oro en los barrancos de las montañas es tan jugador como su colega de los casinos de San Francisco. ¿Qué diferencia hay entre revolver el polvo o remover los dados? Si ganas, la sociedad pierde. El buscador de oro es el enemigo del trabajador honrado, sean cualesquiera las restricciones y las compensaciones que haya. No es suficiente que me digas que trabajaste mucho para conseguir el oro. También el Diablo trabaja intensamente. El camino de la transgresión puede ser difícil de muchas maneras. El más humilde espectador que vea una mina dirá que buscar oro es una especie de lotería, el oro obtenido de ese modo no es lo mismo que el sueldo del trabajo honrado. Pero, en la práctica, olvida lo que ha visto porque sólo percibe el hecho, no el principio, y entra en esa dinámica, es decir, compra un boleto en lo que resulta ser otra lotería aunque no tan obvia.

Una tarde, después de leer el relato de Howitt sobre los buscadores de oro en Australia[8], me quedaron grabados en la mente toda la noche los numerosos valles con sus arroyos, todo cortado por pozos pestilentes de tres a treinta metros de profundidad y cuatro metros de ancho, tan justos como les fue posible cavarlos y medio cubiertos de agua; el lugar al que se lanzan con furia muchos hombres para buscar fortuna, sin saber

---

8. William Howitt, *Tierra, trabajo oro*, Longman, Londres, 1855.

dónde deben abrir sus agujeros; sin saber si el oro está bajo su mismo campamento; cavando a veces cincuenta metros antes de dar con la veta o perdiéndola por centímetros, convertidos en demonios y sin respetar los derechos de los demás en su sed de riqueza. Valles enteros a lo largo de cincuenta kilómetros aparecen de repente como panales de miel por los pozos de los mineros, de tal suerte que cientos de éstos mueren allí agotados. Metidos en el agua y cubiertos de barro y arcilla trabajan día y noche y mueren de frío y de enfermedad. Tras leer esto y habiéndolo olvidado en parte, me puse a pensar, por casualidad, en mi propia vida que me resulta tan poco satisfactoria, haciendo lo mismo que otros muchos y, con la visión de las excavaciones todavía en mi mente, me pregunté por qué no iba «yo» a lavar oro todos los días, aunque sólo fueran partículas mínimas, por qué no iba yo a trazar una galería hasta el oro de mi interior, y trabajar esa mina. «Ahí» está nuestro Ballarat y Bendigo[9]. ¿Qué importa que la galería sea estrecha? De todos modos, yo debo seguir el sendero, por muy solitario, estrecho y tenebroso que sea, por donde caminar con amor y respeto. Allí donde un hombre se separa de la multitud y sigue su propio camino, allí sin duda hay una bifurcación en la carretera, aunque los viajeros asiduos no vean más que un boquete en la empalizada. Su sendero solitario a campo a través resultará el «mejor camino» de los dos.

9. Dos enclaves mineros en Australia, de los que habla Howitt.

Muchos hombres se apresuran a ir a California y Australia como si el verdadero oro se encontrara en esa dirección. Al contrario, están yendo justo al lugar opuesto de donde se encuentra. Hacen prospecciones más y más lejos del lugar adecuado y cuando creen que han triunfado resulta que son los más desafortunados. ¿No es aurífero nuestro suelo «natal»? ¿No riega nuestro valle un arroyo que viene de las montañas doradas? ¿No nos ha traído éste partículas resplandecientes y no ha formado pepitas desde antes incluso de las eras geológicas? Sí, por extraño que parezca, si un buscador se desvía buscando este auténtico oro del interior de las inexploradas soledades que nos rodean, no hay peligro de que alguno siga sus pisadas y se empeñe en suplantarlo. Puede incluso reclamar y excavar el valle entero, las parcelas cultivadas y sin cultivar, durante toda su vida, porque nadie le discutirá su derecho. No se meterán con sus artesas o sus herramientas. No se les confina en una propiedad de doce pies cuadrados, como en Ballarat, sino que puede cavar en cualquier sitio y lavar toda la tierra del mundo en sus gamellas.

Howitt dice lo siguiente del hombre que encontró la gran pepita de doce kilogramos en las excavaciones de Bendigo, en Australia:

Pronto empezó a beber, cogió un caballo y cabalgó por los alrededores, casi siempre al galope, y cuando encontraba gente, la llamaba para preguntarle si sabía quién era él y a continuación le informaba muy amable de que él era el maldito miserable que había encontrado la pepita.

Al final, cabalgando a todo galope, se estrelló contra un árbol, casi se salta los sesos.

De todos modos, yo creo que no hubo ningún peligro en su caída porque ya se había saltado los sesos contra la pepita. Howitt añade: «Es un hombre completamente acabado». Pero es un ejemplo de esa clase. Todos éstos son hombres disipados. Escuchad algunos nombres de los lugares que excavan: «Llano del imbécil», «Barranco de la cabeza de carnero», «Vado del asesino». ¿No hay sátira en estos nombres? Dejadlos que arrastren su mal ganada riqueza adonde quieran, yo creo que el lugar en que vivan será siempre el «Llano del imbécil», si no el «Vado del asesino».

La última fuente de nuestra energía ha sido el saqueo de sepulturas en el Istmo de Darien[10], una empresa que parece estar en sus comienzos porque, según referencias recientes, ha ganado la segunda votación en la comisión de Nueva Granada[11] un decreto para regular este tipo de minas, y un corresponsal del *Tribune* ha escrito: «En la estación seca, cuando el tiempo permita que la zona sea debidamente inspeccionada, no cabe duda de que se encontrarán otras ricas *guacas* (es decir, cementerios)». A los emigrantes les dice:

No vengáis antes de diciembre; tomad la ruta del istmo mejor que la de la Boca del Toro; no traigáis equipaje

10. La actual Panamá.
11. La actual Colombia.

inútil, no carguéis con una tienda, un buen par de mantas será suficiente; un pico, una pala y un hacha de buena calidad será todo lo que necesitéis;

consejo éste que bien podría estar sacado de la «Guía de Burke»[12]. Y concluye con esta línea en *cursiva* y letras mayúsculas: «*SI OS VA BIEN EN CASA QUEDAOS AHÍ*», que muy bien puede interpretarse: «Si estáis sacando bastante dinero de los expolios de los cementerios de vuestro Estado, quedaos ahí».

¿Por qué ir a California por un lema? California es la hija de Nueva Inglaterra, criada en su propia escuela y en su iglesia.

Es sorprendente que de entre todos los predicadores haya tan pocos maestros de moral. Los profetas están dedicados a perdonar el comportamiento de los hombres. Muchos reverendos de edad avanzada, los *illuminati* de esta era, me dicen con una sonrisa amable y cordial, entre un suspiro y un estremecimiento, que no sea demasiado blando con estas cosas, que lo aglutine todo, es decir, que haga con todo esto un lingote de oro. El mejor consejo que he oído sobre estos temas era rastrero. A grandes rasgos, era esto: no merece la pena emprender una reforma del mundo en ese particular. No preguntes cómo se consigue la mantequilla para tu pan; se te revolverá el estómago al en-

12. *Guía para asesinos,* de William Burke (1792-1829). Una especie de cazador de cadáveres que recurrió incluso a asesinos como proveedores de cuerpos para estudios de anatomía, ante la escasez de oferta en el mercado y la mucha demanda.

terarte, y cosas parecidas. Le sería mejor a un hombre morir de hambre que perder su inocencia en el proceso de conseguir el pan. Si dentro del hombre sofisticado no hay otro ingenuo, entonces se trata de uno de los ángeles del diablo. Al hacernos viejos, vivimos con menos rigidez, nos relajamos un poco de la disciplina y de algún modo dejamos de obedecer nuestros instintos más puros. Pero deberíamos ser escrupulosos hasta el extremo de la cordura, despreciando la mofa de aquellos que son más desafortunados que nosotros.

Incluso en nuestra ciencia y filosofía no existe por lo general una sola verdad objetiva de las cosas. El espíritu de secta y la intolerancia han puesto sus pezuñas en medio de las estrellas. Sólo tenéis que discutir el problema de si las estrellas están deshabitadas o no, para descubrirlo. ¿Por qué tenemos que embadurnar los cielos como hicimos con la tierra? Fue triste descubrir que el Dr. Kane era masón y que sir John Franklin lo era también[13]. Pero es más duro aún pensar que posiblemente ésa fue la razón por la que el primero fue en busca del segundo. No hay ninguna revista popular en este país que se atreva a publicar la opinión de un niño sobre cuestiones de cierta importancia sin hacer algún comentario. Todo debe someterse a los doctores en teología. Yo preferiría que lo sometieran a la opinión de los arrapiezos.

---

13. El Dr. Kane estuvo en Nueva Inglaterra en 1852 para recaudar fondos con los que poder organizar su segunda expedición al Ártico en busca de sir John Franklin. Kane no sabía que Franklin había muerto en 1847. En su segundo intento, el propio Kane se dejó la vida en el empeño.

Uno vuelve del funeral de la humanidad para asistir a un fenómeno natural. Una pequeña idea entierra a todo el mundo.

No conozco a casi ningún intelectual que sea tan abierta y auténticamente liberal que se pueda hablar con libertad en su presencia. La mayoría de aquellos con los que intento hablar pronto se ponen a atacar una institución en la que tienen algún interés, es decir, tienen un punto de vista particular, no universal. Interpondrán continuamente su propio tejado con un estrecho tragaluz para ver el cielo, cuando es el cielo lo que deberían contemplar sin obstáculo alguno. ¡Yo os digo, quitad de en medio vuestras telarañas, limpiad vuestras ventanas! En algunos ateneos me dicen que han aprobado la exclusión del tema de la religión y si estoy tocando ese tema o no. He llegado a tener mucha experiencia y he hecho todo lo posible por reconocer con franqueza mi propia vivencia de la religión, de tal modo que mi auditorio nunca sospecha el origen de mis ideas. El conferenciante era tan inofensivo para ellos como la luz de la luna. En cambio, si les hubiera leído la biografía de los grandes pícaros de la historia, habrían pensado que había escrito las vidas de los diáconos de su iglesia. Por lo general, la pregunta es: ¿De dónde vino usted?, o ¿adónde va? Hay una pregunta más pertinente aún que oí hacer una vez a dos personas de mi auditorio: «¿A favor de qué es la conferencia?». Todo mi cuerpo se estremeció.

Para ser imparcial, los mejores hombres que conozco no están tranquilos, no son todo un mundo en sí mismos. En general, se preocupan de los modales y adulan y estudian las situaciones con más perspicacia que el resto. Seleccionamos el granito para los cimientos de nuestras casas y establos, construimos vallas de piedra, pero nosotros no nos asentamos sobre un entramado de verdad granítica, la más elemental roca primitiva. Nuestras vigas están podridas. ¿De qué pasta está hecho ese hombre que no se corresponde en nuestro pensamiento con la verdad más pura y sutil? A menudo acuso a mis mejores amigos de una inmensa frivolidad, porque mientras que hay buenos modales y cumplidos que no respetamos, no nos enseñamos unos a otros las lecciones de honradez y sinceridad que enseñan los animales, o las elecciones de estabilidad y solidez que proceden de las rocas. La culpa es, sin embargo, habitualmente mutua porque, por lo general, no nos exigimos más unos de otros.

¡Esa agitación en torno a Kossuth[14], observad qué típica, pero qué superficial fue! Simplemente otro tipo de política o de baile. Se le dedicaron discursos por todo el país, pero todos expresaban la opinión o la falta de opinión de la multitud sin más.

Nadie mantuvo la verdad. Se agruparon en una camarilla como de costumbre: unos se apoyaban en otros y todos juntos en nada. Del mismo modo los hindúes colocan el mundo sobre un elefante, el elefante sobre

---

14. Lajos Kossuth (1802-1894), revolucionario húngaro. Inicialmente su llegada a Estados Unidos se produjo entre un gran alborozo popular, pero pronto se sumió en la oscuridad y el olvido, y casi el único recuerdo que dejó fue el detalle anecdótico de su sombrero, que también como él pasó de moda.

Una vida sin principios

una tortuga y la tortuga sobre una serpiente y no tienen nada que poner bajo la serpiente. Como fruto de toda esa agitación tenemos el sombrero de Kossuth.

Así de vacía e ineficaz es nuestra conversación cotidiana. Lo superficial lleva a lo superficial. Cuando nuestra vida deja de ser íntima y privada, la conversación degenera en simple cotilleo. Es difícil conocer a un hombre que te cuente una noticia que no haya aparecido en un periódico o que no se la haya contado su vecino y, la mayoría de las veces, la única diferencia entre nosotros y nuestro amigo es que él ha leído el periódico o salido a tomar el té, y nosotros no. En la misma medida que nuestra vida interior fracasa, vamos con más constancia y desesperación a la oficina de correos. Puedes estar seguro de que el pobre tipo que se aleja con el mayor número de cartas, orgulloso de su abultada correspondencia, no ha sabido nada de sí mismo desde hace tiempo.

Yo creo que leer un periódico a la semana es ya demasiado[15]. Lo he intentado recientemente y me parecía que todo este tiempo no había vivido en mi región natal. El sol, las nubes, la nieve, los árboles no me dicen tanto. No puedes servir a dos amos[16]. Requiere más de un día de atención conocer y poseer el valor de un día.

15. Ya por esas fechas la creciente importancia del denominado «cuarto poder» en Estados Unidos se dejaba sentir profusamente, aun cuando en realidad la mayoría de los grandes periódicos americanos sólo pretendían vender más ejemplares que el rival. Los resultados son conocidos.
16. Alusión a Mateo 6, 24. No dejan de sorprender las interpretaciones «laicas» o «irreligiosas», radicales, que hace Thoreau de tantos textos bíblicos. Su supuesta «impiedad» ya vemos en qué se queda y qué significa.

Podemos, con razón, avergonzarnos de decir las cosas que hemos leído u oído. No sé por qué mis noticias tienen que ser tan triviales; teniendo en cuenta que abrigamos sueños e ilusiones, nuestro progreso no debería ser tan insignificante. Las noticias que oímos no son, en su mayoría, interesantes. Son repeticiones vacías. A menudo nos sentimos tentados de preguntar por qué se da tanto énfasis a una experiencia personal que hemos tenido. ¿Por qué, después de veinticinco años, tenemos que volver a encontrar en nuestro camino a Hobbins, registrador de sucesos? ¿No hemos avanzado ni un centímetro, acaso? Así son las noticias diarias. Los acontecimientos flotan en la atmósfera insignificantes como las esporas de los helechos, y caen sobre un talo abandonado o sobre la superficie de nuestros montes que les proporcionan una base en la que crecer como parásitos. Deberíamos librarnos de tales noticias. ¿De qué serviría, en el caso de que explotara nuestro planeta, que hubiera un personaje involucrado en la explosión? Si somos sinceros, no tendremos la menor curiosidad por tales sucesos. No vivimos para divertirnos estúpidamente. Yo no correría a la vuelta de la esquina para ver el mundo explotar.

Todo el verano e incluso el otoño, tal vez os hayáis olvidado inconscientemente del periódico y de las noticias, y ahora descubrís que era porque la mañana y la tarde estaban llenas de noticias. Vuestros paseos estaban llenos de incidentes. Os interesaban no los asuntos de Europa, sino los asuntos de los campos de Massachusetts. Si tenéis la suerte de existir, de vivir y moveros[17] dentro de ese estrecho ámbito en el que se filtran los acontecimientos que constituyen las noticias –un ámbito más estrecho que la fibra de papel en la que se imprimen–, entonces estas cosas llenarán vuestro mundo; pero si os eleváis por encima de ese plano u os sumergís muy por debajo de él, ya no las recordaréis más, ni ellas a vosotros. La realidad es que ver salir el sol cada día y verlo ponerse, participar de ese modo en el curso del universo os conservará sanos para siempre. ¡Naciones! ¿Qué son las naciones? ¡Tártaros, hunos y chinos! Pululan como insectos. El historiador lucha en vano por hacerlos memorables. Hay muchos hombres pero ni uno solo que lo sea auténticamente. Son los individuos los que pueblan el mundo. Cualquier hombre que piense puede decir con el Espíritu de Lodin[18]:

Desde la altura miro a las naciones
y observo cómo se convierten en cenizas;
mi vivienda en las nubes es tranquila.
Son placenteros los grandes campos de mi descanso.

Os lo ruego, dejadnos vivir sin ser arrastrados por perros, como hacen los esquimales, cruzando a través de colinas y valles, y mordiéndose las orejas unos a otros.

---

17. Alusión a Hechos de los Apóstoles 17, 28.
18. Traduzco literalmente la nota 9 de la *Norton Anthology,* p. 1.762: «En el *Atlantic Monthly* dice "Lodin". Pero Thoreau se refiere al Espíritu de Loda cuyo discurso, procedente del *Carric-Thura* en los *Ossian Poems,* de James Macpherson, sigue a continuación, parafraseado con ligeras variantes».

No sin un leve temblor de miedo, a menudo me doy cuenta de la facilidad con la que mi mente admite los detalles de cualquier asunto trivial, las noticias de la calle; y me asusta observar con qué facilidad la gente abarrota sus mentes con tales basuras y deja que rumores e incidentes ociosos e insignificantes se introduzcan en un terreno que debiera ser sagrado para el pensamiento. ¿Debe ser la mente un escenario público donde se discutan los asuntos de la calle y los cotilleos de la sobremesa?, ¿o debería ser una estancia del cielo mismo, un templo hipetro[19] consagrado a servir a los dioses? Me resulta tan difícil deshacerme de los pocos datos importantes; sólo una mente divina me lo podría aclarar. Así son, en general, las noticias de los periódicos y de las conversaciones. Es importante conservar la castidad de la mente a este respecto. ¡Pensad que aceptarais en vuestras mentes los detalles de un solo caso de la sala de lo criminal, profanando su *sanctum sanctorum*[20] durante una hora o muchas horas! ¡Hacéis de lo más íntimo del apartamento de vuestra mente una sala de los tribunales, como si todo este tiempo el polvo de la calle nos hubiera cubierto, como si la calle misma con todo su tráfico, su ajetreo y suciedad hubieran atravesado el santuario de nuestros pensamientos! ¿No sería ése un suicidio intelectual y moral? Cuando me he visto obligado a sentarme como espectador y oyente en un tribunal de justicia durante

19. Sin techo, abierto por arriba al cielo.
20. Así en singular, en el original.

varias horas, y he visto a mis vecinos, entrando y saliendo a hurtadillas y caminando de puntillas con las manos y el rostro bien lavados, me parecía en ese momento que, al quitarse los sombreros, sus orejas crecían rápidamente hasta convertirse en grandes tolvas auditivas entre las cuales se apretaban sus pequeñas cabezas. Como aspas de molinos de viento, captaban las ondas de sonido, que tras algunas vueltas que les excitaban en sus cerebros dentados, salían por el otro lado. Yo me preguntaba si al llegar a casa prestaban la misma atención a limpiarse las orejas que antes habían prestado a lavarse las manos y los rostros. Me pareció entonces que el público y los testigos, el jurado y el abogado, el juez y el criminal de la sala –si se me permite considerarlo culpable antes del veredicto– eran todos igualmente criminales, y yo hubiera deseado que un rayo los alcanzara y los aniquilara a todos.

Evita con todo tipo de trampas y señales, amenazando con el peor castigo divino, que alguien profane ese terreno que para ti es sagrado. ¡Es tan difícil olvidar todo eso que es inútil guardar en la memoria! Si tengo que ser un camino, prefiero serlo por torrentes, por arroyos del Parnaso que por alcantarillas de ciudad. Existe la inspiración, ese chismorreo que llega al oído de la mente atenta desde los patios celestiales. Existe otra revelación profana y caduca, la de las tabernas y la comisaría de policía. El mismo oído es capaz de captar ambas comunicaciones. El criterio del que escucha es el que debe determinar cuál oír y cuál no. Yo creo que la mente se puede profanar permanentemen-

te con el hábito de escuchar cosas triviales, de modo
que todos nuestros pensamientos se teñirán de trivia-
lidad. Nuestro propio intelecto debería ser de asfalto,
es decir, debería tener un buen firme para que las rue-
das se deslizaran fácilmente, y si quieres saber cómo
darle mejor consistencia a la carretera, mejor que la
que se consigue con cantos rodados, con traviesas de
abeto o con asfalto, lo que tienes que examinar son algunas de nuestras mentes que se han visto sometidas
tanto tiempo a este tratamiento.

Si nos hemos profanado a nosotros mismos –¿y
quién no?–, el remedio será la cautela y la devoción
para volver a consagrarnos y convertir de nuevo nuestras mentes en santuarios. Deberíamos tratar nuestras
mentes, es decir, a nosotros mismos, como a niños
inocentes e ingenuos y ser nuestros propios guardia-
nes, y tener cuidado de prestar atención sólo a los ob-
jetos y los temas que merezcan la pena. No leáis el *Times,* leed el *Eternidades*[21]. Los convencionalismos son
a la larga tan malos como la mezquindad. Incluso los
datos científicos pueden manchar la mente con su ari-
dez, a no ser que os las limpiéis cada mañana, o las fer-
tilicéis con el rocío de la verdad fresca y viva. La sabiduría no llega hasta nosotros por los detalles sino a
través de rayos de luz procedentes del cielo. Sí, todo
pensamiento que cruza la mente comporta un desgas-
te irreversible y un profundizar los baches que, como

---

21. Uno más de los juegos de palabras, tan característicos de Thoreau,
y que jalonan su estilo como uno de sus rasgos más constantes.

en las calles de Pompeya, daban muestra del uso que se les dio. Cuántas cosas hay sobre las que deberíamos deliberar para decidir si las aceptamos o no. ¡Mejor hubiéramos dejado que los carromatos de los vendedores ambulantes avanzaran a un trote muy lento, incluso al paso, por ese puente glorioso de la mente por el que confiamos pasar al final del último instante de nuestra vida a la orilla más próxima de la eternidad! ¿Tan sólo tenemos habilidad para vivir como zafios y para servir al diablo y nada de cultura ni delicadeza? ¿Para adquirir riquezas mundanas o fama o libertad, y dar una falsa imagen a los demás, como si fuéramos todo cáscara y concha, sin un corazón tierno y vivo dentro de nosotros? ¿Por qué tienen que ser nuestras instituciones como esas nueces hueras que sólo sirven para pincharse los dedos?

Se dice que América va a ser el campo de batalla donde se librará la batalla por la libertad, pero en realidad no puede ser que se refieran a libertad en un sentido exclusivamente político. Incluso si aceptamos que el americano se ha librado de un tirano político, todavía es esclavo de un tirano económico y moral. Ahora que la república –la *res-publica*– está instituida, es hora de buscar la *res-privata* –los asuntos privados– para cuidar de que, como el senado romano aconsejaba a sus cónsules: *«ne quid res-PRIVATA detrimenti caperet»,* los asuntos *privados* no sufran deterioro alguno.

¿Llamamos a ésta la tierra de los hombres libres? ¿Qué supone ser libres respecto del rey Jorge y seguir siendo esclavos del rey Prejuicio? ¿Qué sentido tiene nacer libres y no vivir libres? ¿Cuál es el valor de una libertad política sino el de hacer posible la libertad moral? ¿Alardeamos de la libertad de ser esclavos o de la libertad de ser libres? Somos una nación de políticos y nos preocupamos sólo por una defensa superficial de la libertad. Los hijos de nuestros hijos tal vez se sientan un día realmente libres. Nos sometemos a impuestos injustos. Hay un grupo de entre nosotros que no está representado. Son impuestos sin representación. Nosotros alojamos a las tropas, a tontos y ganado de todas clases. Alojamos nuestros cuerpos bastos en nuestras pobres almas, hasta que los primeros consumen toda la sustancia de las segundas.

Con respecto a la auténtica cultura y a la hombría de bien, somos aún esencialmente provincianos porque no adoramos la verdad sino el reflejo de la verdad; porque estamos pervertidos y limitados por una devoción exclusiva al negocio y al comercio, y a las fábricas y a la agricultura, y cosas semejantes, que son sólo medios y no fines.

De esta manera es también provinciano el Parlamento inglés. Simples paletos que se traicionan unos a otros cada vez que se les presenta un asunto importante que resolver: el problema irlandés, por ejemplo. ¿Por qué no lo llamé el problema inglés? Sus naturalezas se corrompen en contacto con la propia bajeza de los temas que tratan. Su «buena crianza» respeta sólo cuestiones secundarias. Los mejores modales del mundo pasan a ser fatuos y torpes al compararlos con una inteligencia superior. Su apariencia no es sino como la de las modas de otros tiempos: simples cortesías, genuflexiones y calzas hasta la rodilla pasados de moda. Es el vicio y no los modales exquisitos lo que hace que pierdan la firmeza de carácter. En realidad no son más que ropas desechadas o conchas huecas clamando por el respeto que se debía al ser que las habitaba. Se os regala la concha en lugar de la carne y no es excusa que, en el caso de ciertos moluscos, las conchas tengan más valor que la carne. El hombre que me impone sus buenos modales actúa como si se empeñara en mostrarme el cuarto de sus colecciones, cuando lo que yo quería era verle a él. No fue éste el sentido con el que el poeta Decker llamó a Cristo «el primer auténtico caballero que jamás haya existido». Repito que en este sentido la corte más gloriosa de la cristiandad es provinciana, pues sólo tiene autoridad para decidir sobre intereses transalpinos, y no sobre los asuntos de Roma. Un pretor o un procónsul sería suficiente para resolver los problemas que acaparan la atención del Parlamento inglés y del Congreso americano.

¡Gobierno y legislación! A éstas las consideraba yo profesiones respetables. Hemos oído hablar en la historia del mundo de Numas, Licurgos y Solones de origen divino, «nombres» que pueden al menos representar legisladores ideales; ¡pero pensad lo que supone dictar «las normas» para producir esclavos o exportar tabaco! ¿Qué tienen que ver los legisladores divinos con la importación o la exportación del tabaco? ¿Y los legisladores humanos con respecto a la producción de esclavos? Suponed que tuvieseis que someter esa cuestión a un hijo de Dios. ¿No tiene Él ningún hijo en el siglo XIX? ¿Se trata de una familia extinguida? ¿Con qué condiciones la recuperaríais? ¿Qué dirá el Estado de Virginia el último día cuando éstas han sido sus principales y básicas cosechas? ¿Qué lugar ocuparía el patriotismo en semejante Estado? Tomo los datos de las estadísticas que han publicado los propios estados.

¡Un comercio que surca los mares para comprar nueces y pasas, y que incluso esclaviza a los marineros con este propósito! El otro día vi un barco que había naufragado y en el cual se habían perdido muchas vidas y su cargamento de ropas, nebrinas y almendras amargas. ¡América va al Viejo Mundo por sus frutos amargos! ¿No es el mar o el naufragio lo bastante amargo como para hacer que la savia de la vida se vierta en ellos? Sin embargo, así es en su mayor parte nuestro ensalzado comercio, y hay algunos que todavía se consideran estadistas y filósofos y que están tan ciegos que piensan que el progreso y la civilización dependen, precisamente, de este tipo de intercambio y de tal actividad, que más bien parece la actividad de las moscas alrededor de una cuba de melaza. Sería estupendo, alguien ha dicho, que los hombres fueran ostras, y estupendo, le contestaría yo, si fueran mosquitos.

El teniente Herndon, enviado por nuestro gobierno a explorar el Amazonas y, según parece, a extender el área de esclavitud, advirtió que allí hacía falta «una población laboriosa y activa que conozca las comodidades de la vida y que tenga necesidades artificiales que le induzcan a extraer del país sus múltiples recursos». Pero, ¿cuáles son esas «necesidades artificiales» a estimular? No son el amor a los lujos como el tabaco y los esclavos, tan abundantes en su Virginia natal, ni el hielo y el granito y otras riquezas materiales de nuestra Nueva Inglaterra natal. Ni tampoco son «los grandes recursos de un país» la fertilidad o la esterilidad del suelo que los produce. La necesidad básica de todo Estado donde he vivido es la elevada y seria ambición de sus habitantes. Esto es lo único que desarrolla «los grandes recursos» de la Naturaleza y que, a la larga, le exige explotarlos por encima de sus posibilidades, porque desde luego el hombre se mueve con el curso natural de las cosas. Cuando preferimos la cultura a las patatas y el entendimiento a las ciruelas, entonces los grandes recursos del mundo se extraen y el resultado o la producción básica no son esclavos ni obreros sino hombres: esos escasos frutos que llamamos héroes, santos, poetas, filósofos y redentores.

En resumen, al igual que se forman los ventisqueros cuando cesa el viento, así mismo cuando cesa la verdad, surge una institución. Pero la verdad sigue soplando por las alturas y al final acaba por destruirla.

Eso que llaman política es algo tan superficial y poco humano que en la práctica nunca he reconocido que me interesara. Los periódicos, según veo, dedican varias columnas gratuitamente a la política o a los asuntos de gobierno y esto, diría yo, es lo que los salva.

Pero como yo amo la literatura y en cierto modo también la verdad, no leo nunca esas columnas. No quiero embotar hasta ese punto mi sentido de la justicia. No tengo que rendir cuentas por haber leído un solo mensaje del presidente. ¡Ésta es una época extraña del mundo, en la que los imperios, los reinos y las repúblicas vienen a pedir a la puerta de un hombre corriente y le cuentan sus problemas al oído! No puedo coger el periódico sin encontrarme con que un desdichado gobierno, acorralado y en sus últimos días, me está pidiendo a mí, el lector, que le vote, más inoportuno que un mendigo italiano, y si se me ocurre leer su certificado, escrito tal vez por el secretario de un comerciante benévolo o por el patrón del barco que le trajo –puesto que no sabe ni una palabra de inglés–, probablemente me informaría de la erupción de un Vesubio, o el desbordamiento de un Po, verdadero o inventado, que le redujo a esta situación. Y en tal caso no dudo en sugerirle que trabaje o que acuda a un asilo. ¿O si no, por qué no mantiene su vida privada en silencio, como hago yo normalmente? El pobre presidente[22], entre conservar su popularidad y cumplir con su deber, se encuentra perplejo. Los periódicos son el poder dominante. Cualquier otro gobierno se reduce a unos cuantos infantes de marina de Fort Independence[23]. Si un hombre se niega a leer el *Daily Times*, el

22. El presidente de los Estados Unidos por aquellas fechas era Franklin Pierce, 1852-1856.
23. Fort Independence estaba estratégicamente situado en el puerto de Boston.

gobierno se pondrá de rodillas ante él porque ésa es la única traición en estos tiempos.

Las cosas que más acaparan la atención de los hombres, como la política y la rutina diaria, son realmente funciones vitales para la sociedad humana, pero deberían realizarse de modo inconsciente, como sucede con las correspondientes funciones del cuerpo físico. Son *infra*humanas, una especie de vegetación. A veces me despierto en una semiconsciencia y las noto funcionar del mismo modo que alguien puede sentirse consciente de algunos procesos de digestión en un estado mórbido y llegara así a lo que llaman la dispepsia. Es como si un pensador se sometiera a ser digerido por la gran molleja de la creación. La política es, por así decirlo, la molleja de la sociedad, está llena de arena y grava y los dos partidos políticos son sus dos mitades enfrentadas. A veces se dividen en cuatro y entonces se restriegan unas contra otras. No sólo los individuos sino también los estados han confirmado de este modo su dispepsia, lo cual se manifiesta por una inusitada sonoridad que podéis imaginar[24]. Nuestra vida no es únicamente un olvidar, sino también, en gran medida, un recordar aquello de lo que nunca debimos ser conscientes, al menos no en nuestras horas de vigilia. ¿Por qué no nos reunimos alguna vez, no como dispépticos, para contarnos nuestros malos sueños, sino como eupépticos, para congratularnos mutuamente por el glorioso amanecer de cada día? No pido nada exorbitante, os lo aseguro.

---

24. Chiste de más que dudoso gusto, como se suele decir.

Desobediencia civil[1]

Acepto de todo corazón la máxima: «El mejor gobierno es el que gobierna menos»[2], y me gustaría verlo puesto en práctica de un modo más rápido y sistemático. Pero al cumplirla resulta, y así también lo creo, que «el mejor gobierno es el que no gobierna en absoluto»; y, cuando los hombres estén preparados para él, ése será el tipo de gobierno que tendrán. Un gobierno es, en el mejor de los casos, un mal recurso, pero la

1. Pronunciado inicialmente en enero y febrero de 1848. Publicado en 1849. Otras versiones se titulan «Resistencia al Gobierno», «Los derechos y deberes del individuo con respecto al Gobierno», o el más conocido quizá de todos ellos, «Sobre el deber de la desobediencia civil».
2. Lema de la *Democratic Review*, publicación neoyorquina que ya por entonces había publicado varios trabajos de Thoreau. Los orígenes del lema vienen de los postulados de la democracia agraria de Jefferson, frente a las pretensiones centralizadoras de fortalecer el gobierno de la nación que propugnaban los denominados «federalistas», con Hamilton a la cabeza. La discusión estuvo ya desde el comienzo en los debates en torno a la redacción de la Declaración de Independencia, y más tarde, de la Constitución de los Estados Unidos.

mayoría de los gobiernos son, a menudo, y todos, en cierta medida, un inconveniente. Las objeciones que se le han puesto a un ejército permanente (que son muchas, de peso, y merecen tenerse en cuenta) pueden imputarse también al gobierno como institución. El ejército permanente es tan sólo un brazo de ese gobierno. El gobierno por sí mismo, que no es más que el medio elegido por el pueblo para ejecutar su voluntad, es igualmente susceptible de originar abusos y perjuicios antes de que el pueblo pueda intervenir. El ejemplo lo tenemos en la actual guerra de México[3], obra de relativamente pocas personas que se valen del gobierno establecido como de un instrumento, a pesar de que el pueblo no habría autorizado esta medida.

Este gobierno americano, ¿qué es sino una tradición, aunque muy reciente, que lucha por transmitirse a la posteridad sin deterioro, pese a ir perdiendo parte de su integridad a cada instante? No tiene ni la vitalidad ni la fuerza de un solo hombre, ya que un solo hombre puede plegarlo a su voluntad. Es una especie de fusil de madera para el pueblo mismo. Sin embargo, no es por ello menos necesario; el pueblo ha de tener alguna que otra complicada maquinaria y oír su sonido para satisfacer así su idea de gobierno. De este

---

3. La Guerra con México (1846-1848) estuvo promovida básicamente por intereses económicos: el algodón por una parte, las industrias fabriles del Norte, por otra. Y en el fondo de todo ello, la ampliación de territorios en los que la esclavitud fuera legal, como procedimiento para mantener la economía norteamericana del momento.

modo los gobiernos evidencian cuán fácilmente se puede instrumentalizar a los hombres, o pueden ellos instrumentalizar al gobierno en beneficio propio. Excelente, debemos reconocerlo. Tan es así que este gobierno por sí mismo nunca promovió empresa alguna y en cambio sí mostró cierta tendencia a extralimitarse en sus funciones. «Esto» no hace que el país sea libre. «Esto» no consolida el Oeste. «Esto» no educa. El propio temperamento del pueblo americano es el que ha conquistado todos sus logros hasta hoy, y hubiera conseguido muchos más si el gobierno no se hubiera interpuesto en su camino a menudo. Y es que el gobierno es un mero recurso por el cual los hombres intentan vivir en paz; y, como ya hemos dicho, es más ventajoso el que menos interfiere en la vida de los gobernados. Si no fuera porque el comercio y los negocios parecen botar como la goma, nunca conseguirían saltar los obstáculos que los legisladores les interponen continuamente, y, si tuviéramos que juzgar a estos hombres únicamente por las repercusiones de sus actos, y no por sus intenciones, merecerían que los castigaran y los trataran como a esos delincuentes que ponen obstáculos en las vías del ferrocarril.

Pero para hablar con sentido práctico y como ciudadano, a diferencia de los que se autodenominan contrarios a la existencia de un gobierno, solicito, no que desaparezca el gobierno inmediatamente, sino un mejor gobierno «de inmediato». Dejemos que cada hombre manifieste qué tipo de gobierno tendría su confianza y ése sería un primer paso en su consecución.

Después de todo, la auténtica razón de que, cuando el poder está en manos del pueblo, la mayoría acceda al gobierno y se mantenga en él por un largo período, no es porque posean la verdad ni porque la minoría lo considere más justo, sino porque físicamente son los más fuertes. Pero un gobierno en el que la mayoría decida en todos los temas no puede funcionar con justicia, al menos tal como entienden los hombres la justicia. ¿Acaso no puede existir un gobierno donde la mayoría no decida virtualmente lo que está bien o mal, sino que sea la conciencia? ¿Donde la mayoría decida sólo en aquellos temas en los que sea aplicable la norma de conveniencia? ¿Debe el ciudadano someter su conciencia al legislador por un solo instante, aunque sea en la mínima medida? Entonces, ¿para qué tiene cada hombre su conciencia? Yo creo que debiéramos ser hombres primero y ciudadanos después. Lo deseable no es cultivar el respeto por la ley, sino por la justicia. La única obligación que tengo derecho a asumir es la de hacer en cada momento lo que crea justo. Se ha dicho, y con razón, que una sociedad mercantil no tiene conciencia, pero una sociedad formada por hombres con conciencia es una sociedad «con» conciencia. La ley nunca hizo a los hombres más justos y, debido al respeto que les infunde, incluso los bienintencionados se convierten a diario en agentes de la injusticia. Una consecuencia natural y muy frecuente del respeto indebido a la ley es que uno puede ver una fila de soldados: coronel, capitán, cabo, soldados rasos, artilleros, todos marchando con un orden admirable por colinas y valles hacia el frente en contra de su voluntad, ¡sí!, contra su conciencia y su sentido común, lo que hace que la marcha sea más dura y se les sobrecoja el corazón. No dudan que están involucrados en una empresa condenable; todos ellos son partidarios de la paz. Entonces, ¿qué son: hombres o, por el contrario, pequeños fuertes y polvorines móviles al servicio de cualquier mando militar sin escrúpulos? Visitad un arsenal y contemplad a un infante de marina; eso es lo que puede hacer de un hombre el gobierno americano, o lo que podría hacer un hechicero: una mera sombra y remedo de humanidad; en apariencia es un hombre vivo y erguido, pero, sin embargo, mejor diríamos que está enterrado bajo las armas con honores funerarios, aunque bien pudiera ser:

No se oían tambores ni himnos funerarios
cuando llevamos su cadáver rápidamente al baluarte;
ningún soldado disparó salvas de despedida
sobre la tumba en que enterramos a nuestro héroe[4].

De este modo la masa sirve al Estado no como hombres, sino básicamente como máquinas, con sus cuerpos. Ellos forman el ejército constituido y la milicia, los carceleros, la policía, los ayudantes del *sheriff,* etc.

---

4. La cita procede de la obra de Charles Wolfe (1791-1823), *El entierro de Sir John Moore en Coruña* (1871). Éstos son los versos iniciales.

En la mayoría de los casos no ejercitan con libertad ni la crítica ni el sentido moral, sino que se igualan a la madera y a la tierra y a las piedras, e incluso se podrían fabricar hombres de madera que hicieran el mismo servicio. Tales individuos no infunden más respeto que los hombres de paja o los terrones de arcilla. No tienen más valor que caballos o perros, y sin embargo se les considera, en general, buenos ciudadanos. Otros, como muchos legisladores, políticos, abogados, ministros y funcionarios, sirven al Estado fundamentalmente con sus cabezas, y como casi nunca hacen distinciones morales, son capaces de servir tanto al diablo, sin «pretenderlo», como a Dios. Unos pocos, como los héroes, los patriotas, los mártires, los reformadores en un sentido amplio y «los hombres» sirven al Estado además con sus conciencias y, por tanto, las más de las veces se enfrentan a él y, a menudo, se les trata como enemigos. Un hombre prudente sólo será útil como hombre y no se someterá a ser «arcilla» y «tapar un agujero para detener el viento»[5], sino que dejará esa tarea a los otros:

> Soy de estirpe demasiado elevada
> para convertirme en un esclavo,
> en un subalterno sometido a tutela,
> en un servidor dócil, en instrumento
> de cualquier Estado soberano del mundo[6].

5. Alusión procedente de *Hamlet*, acto V, escena 1, versos 236-237.
6. Shakespeare, *El rey Juan*, acto V, escena 2, versos 79-82.

Al que se entrega por entero a los demás se le toma por un inútil y un egoísta, pero al que se entrega solamente en parte se le considera un benefactor y un filántropo.

¿Cómo le corresponde actuar a un hombre ante este gobierno americano hoy? Yo respondo que no nos podemos asociar con él y mantener nuestra propia dignidad. No puedo reconocer ni por un instante que esa organización política sea «mi» gobierno y al mismo tiempo el gobierno «de los esclavos».

Todos los hombres reconocen el derecho a la revolución[7], es decir, el derecho a negar su lealtad y a oponerse al gobierno cuando su tiranía o su ineficacia sean desmesurados e insoportables. Pero la mayoría afirma que no es ése el caso actual, aunque sí fue el caso, dicen, en la revolución de 1775. Si alguien me dijera que ése fue un mal gobierno porque gravó ciertos artículos extranjeros llegados a sus puertos, lo más probable es que no me inmutara porque puedo pasar sin ellos. Toda máquina experimenta sus propios roces, pero es posible que se trate de un mal menor y contrarreste otros males. En ese caso sería un gran error mover un dedo por evitarlo. Pero cuando resulta que la fricción se convierte en su propio fin, y la opresión y el robo están organizados, yo digo: «hagamos desaparecer esa máquina». En otras palabras,

7. He aquí uno de los principios fundamentales de Thomas Paine –ya incluido antes en el carácter pactista del *«Mayflower Compact»*–, que influyeron de forma decisiva para la independencia de las colonias de la Gran Bretaña.

cuando una sexta parte de la población de un país que se ha comprometido a ser refugio de la libertad está esclavizada, y toda una nación es agredida y conquistada injustamente por un ejército extranjero y sometida a la ley marcial, creo que ha llegado el momento de que los hombres honrados se rebelen y se subleven. Y este deber es tanto más urgente, por cuanto que el país así ultrajado no es el nuestro, sino que el nuestro es el invasor.

Paley[8], autoridad reconocida en temas morales, en un capítulo sobre «Deber de sumisión al gobierno civil», reduce toda obligación civil al grado de conveniencia, y continúa:

> Mientras el interés de la sociedad entera lo requiera, es decir, mientras la institución del gobierno no se pueda cambiar o rechazar sin inconvenientes públicos, es voluntad de Dios que se obedezca a ese gobierno, pero no más allá [...] Admitido este principio, la justicia de cada caso particular de rebelión se reduce a un calcular por un lado la proporción del peligro y del daño; y por el otro la posibilidad y coste de corregirlo.

A continuación nos dice que cada hombre debe juzgar por sí mismo. Pero nos parece que Paley no ha contemplado los casos en los que la regla de la conveniencia no se aplica; es decir, cuando un pueblo o un

---

8. William Paley (1743-1805). La obra a la que alude Thoreau es *Principios de filosofía moral y política*, de 1785.

solo individuo deben hacer justicia a cualquier precio. Si le he quitado injustamente la tabla al hombre que se ahoga, debo devolvérsela aunque me ahogue yo. Esto, según Paley, sería inconveniente. Aquel que salve su vida, en este caso la perderá[9]. Este pueblo debe dejar de tener esclavos y de luchar contra México aunque le cueste su existencia como tal pueblo[10].

Por experiencia propia, muchas naciones están de acuerdo con Paley, pero ¿acaso alguien cree que Massachusetts está haciendo lo correcto en la crisis actual?: «Un estado prostituido; una mujerzuela a cuyo traje plateado se le lleva la cola, pero cuya alma se arrastra por el polvo»[11].

Descendiendo a lo concreto: los que se oponen a una reforma en Massachusetts no son cien mil políticos del Sur sino cien mil comerciantes y granjeros de aquí[12], que están más interesados en el comercio y la agricultura que en el género humano y no están dispuestos a hacer justicia ni a los esclavos ni a México, costase lo que costase. Yo no me enfrento con enemigos lejanos sino con los que cerca de casa cooperan con ellos y los apoyan, y sin los cuales es-

---

9. Mateo 10, 39.
10. Frente a este criterio radical, naturalmente, el pensamiento de los políticos siempre fue el de preservar la Unión a toda costa. Incluso años más tarde, la única preocupación de Lincoln como presidente fue básicamente la de no permitir la ruptura de esa Unión.
11. Cyril Tourneur (1575?-1626), *La tragedia del vengador*, acto cuarto, escena cuarta.
12. Como ya quedó indicado anteriormente, los intereses fabriles de los industriales del Norte exigían la materia prima que los agricultores del Sur les podían proporcionar, el algodón sobre todo.

tos últimos serían inofensivos. Estamos acostumbrados a decir que las masas no están preparadas, pero el progreso es lento porque la minoría no es mejor o más prudente que la mayoría. Lo más importante no es que una mayoría sea tan buena como tú, sino que exista una cierta bondad absoluta en algún sitio para que fermente a toda la masa[13]. Miles de personas están, «en teoría», en contra de la esclavitud y la guerra, pero de hecho no hacen nada por acabar con ellas; miles que se consideran hijos de Washington y Franklin se sientan con las manos en los bolsillos y dicen que no saben qué hacer, y no hacen nada; miles que incluso posponen la cuestión de la libertad a la cuestión del mercado libre y leen en silencio las listas de precios y las noticias del frente de México tras la cena, e incluso caen dormidos sobre ambos. ¿Cuál es el valor de un hombre honrado y de un patriota hoy? Dudan y se lamentan y a veces redactan escritos, pero no hacen nada serio y eficaz. Esperarán con la mejor disposición a que otros remedien el mal, para poder dejar de lamentarse. Como mucho, depositan un simple voto y hacen un leve signo de aprobación y una aclamación a la justicia al pasar por su lado. Por cada hombre virtuoso, hay novecientos noventa y nueve que alardean de serlo, y es más fácil tratar con el auténtico poseedor de una cosa que con los que pretenden tenerla.

13. Primera Carta a los Corintios 5, 6.

Las votaciones son una especie de juego, como las damas o el *backgammon*[14] que incluyesen un suave tinte moral; un jugar con lo justo y lo injusto, con cuestiones morales; y desde luego incluye apuestas. No se apuesta sobre el carácter de los votantes. Quizás deposito el voto que creo más acertado, pero no estoy realmente convencido de que eso deba prevalecer. Estoy dispuesto a dejarlo en manos de la mayoría. Su obligación, por tanto, nunca excede el nivel de lo conveniente. Incluso votar «por lo justo» es no «hacer» nada por ello. Es tan sólo expresar débilmente el deseo de que la justicia debiera prevalecer. Un hombre prudente no dejará lo justo a merced del azar, ni deseará que prevalezca frente al poder de la mayoría. Hay muy poca virtud en la acción de las masas. Cuando la mayoría vote al fin por la abolición de la esclavitud, será porque les es indiferente la esclavitud o porque sea tan escasa que no merezca la pena mantenerla. Para entonces «ellos» serán los únicos esclavos. Sólo puede acelerar la abolición de la esclavitud el voto «de aquel» que afianza su propia libertad con ese voto.

He oído decir que se va a celebrar una convención en Baltimore o en algún otro sitio para la elección del candidato a la presidencia y que está formada fundamentalmente por directores de periódicos y políticos profesionales, y yo me pregunto: ¿qué puede importarle al hombre independiente, inteligente y respeta-

---

14. Antiguo juego sobre un tablero, cuyas piezas los dos contendientes movían según dictaran los dados.

ble la decisión que tomen? ¿Es que no podemos contar con la ventaja de la prudencia y la honradez de este último? ¿No podemos esperar que también haya votos independientes? ¿Acaso no son numerosísimos los hombres que no asisten a convenciones en este país? Pero no: yo creo que el hombre respetable como tal ya se ha escabullido de su puesto y desespera de su país, cuando es su país el que tiene más razones para desesperar de él. Inmediatamente acepta a uno de los candidatos elegidos de ese modo como el único «disponible», demostrando que es él quien está «disponible» para cualquier propósito del demagogo. Su voto no tiene más valor que el de cualquier extranjero sin principios o el de cualquier empleadillo nativo, que pueden estar comprados. ¡Loado sea el «hombre» auténtico que, como dice mi vecino, tiene un hueso en la espalda que no le permite doblegarse! Nuestras estadísticas son falsas, la población está inflada. ¿Cuántos «hombres» hay en este país por cada 250.000 hectáreas? Apenas uno. ¿No ofrece América ningún atractivo para que los hombres se asienten aquí? El americano ha degenerado en un *Odd Fellow*[15], un ser que se reconoce por el desarrollo de su sentido gregario y una ausencia manifiesta de inteligencia y una alegre confianza en sí mismo, cuyo primer y básico interés en el mundo es ver que los asilos se conservan en buen

---

15. Los *Odd Fellows* formaban una asociación secreta y Thoreau realiza aquí uno de sus juegos de palabras: el verdadero americano resulta ser el «conformista», no precisamente el «tipo raro».

estado y antes se ha puesto su vestimenta en toda regla y ha ido a recabar fondos para mantener a las viudas y huérfanos que pueda haber; en fin, en alguien que se permite vivir sólo con la ayuda de la Compañía de Seguros Mutuos que se ha comprometido a enterrarle decentemente.

Por supuesto, no es un deber del hombre dedicarse a la erradicación del mal, por monstruoso que sea. Puede tener, como le es lícito, otros asuntos entre manos; pero sí es su deber, al menos, lavarse las manos de él. Y si no se va a preocupar más de él, que, por lo menos, en la práctica, no le dé su apoyo. Si me entrego a otros fines y consideraciones, antes de dedicarme a ellos debo, como mínimo, asegurarme de que no estoy pisando a otros hombres. Ante todo, debo permitir que también los demás puedan realizar sus propósitos. ¡Fijaos qué gran inconsistencia se tolera! He oído decir a conciudadanos míos: «Me gustaría que me ordenaran colaborar en la represión de una rebelión de esclavos o marchar hacia México; veríamos si lo hago»; y en cambio ellos mismos han facilitado un sustituto directamente con su propia lealtad e indirectamente al menos con su dinero. Al soldado que se niega a luchar en una guerra injusta le aplauden aquellos que aceptan mantener al gobierno injusto que la libra; le aplauden aquellos cuyos actos y autoridad él desprecia y desdeña, como si el Estado fuera un penitente que contratase a uno para que se fustigase por sus pecados, pero que no considerase la posibilidad de dejar de pecar ni por un momento. Así, con el pretexto del orden y del gobierno civil, se nos hace honrar y alabar nuestra propia vileza. Tras la primera vergüenza por pecar surge la indiferencia, y lo inmoral se convierte, como si dijéramos, en *a*moral y no del todo innecesario en la vida que nos hemos forjado.

El mayor error y el más extendido exige la virtud más desinteresada. El ligero reproche al que es susceptible muy a menudo la virtud del patriota es aquel en el que incurren fácilmente los hombres honrados. Los que, sin estar de acuerdo con la naturaleza y las medidas de un gobierno, le entregan su lealtad y su apoyo son, sin duda, sus seguidores más conscientes y por tanto suelen ser el mayor obstáculo para su reforma. Algunos están interpelando al Estado de Massachusetts para que disuelva la Unión y olvide los requerimientos del presidente. ¿Por qué no la disuelven por su cuenta (la unión entre ellos mismos y el Estado) y se niegan a pagar sus impuestos al Tesoro? ¿No están en la misma situación con respecto al Estado que el Estado con respecto a la Unión? ¿Acaso las razones que han evitado que el Estado se enfrentara con la Unión no han sido las mismas que han evitado que ellos se enfrentaran al Estado?[16].

¿Cómo puede estar satisfecho un hombre por el mero hecho de tener una opinión y quedarse tranquilo con «ella»? ¿Puede haber alguna tranquilidad en

16. Vuelve a reaparecer el gran asunto pendiente en esta época: o la Unión a costa de la injusticia de la esclavitud; o la eliminación de la esclavitud, a riesgo de romper la Unión.

ello, si lo que opina es que está ofendido? Si tu vecino te estafa un solo dólar, no quedas satisfecho con saber que te ha estafado o diciendo que te ha estafado, ni siquiera exigiéndole que te pague lo tuyo, sino que inmediatamente tomas medidas concretas para recuperarlo y te aseguras de que no vuelvan a estafarte. La acción que surge de los principios, de la percepción y la realización de lo justo, cambia las cosas y las relaciones, es esencialmente revolucionaria y no está del todo de acuerdo con el pasado. No sólo divide Estados e Iglesias, divide familias e incluso divide al «individuo», separando en él lo diabólico de lo divino.

Hay leyes injustas: ¿nos contentaremos con obedecerlas o intentaremos corregirlas y las obedeceremos hasta conseguirlo? ¿O las transgrediremos desde ahora mismo? Bajo un gobierno como este nuestro muchos creen que deben esperar hasta convencer a la mayoría de la necesidad de alterarlo. Creen que si opusieran resistencia, el remedio sería peor que la enfermedad. Pero eso es culpa del propio gobierno. ¿Por qué no está atento para prever y procurar reformas? ¿Por qué no aprecia el valor de esa minoría prudente? ¿Por qué grita y se resiste antes de ser herido? ¿Por qué no anima a sus ciudadanos a estar alerta y a señalar los errores para «mejorar» en su acción? ¿Por qué tenemos siempre que crucificar a Cristo y excomulgar a Copérnico y Lutero, y declarar rebeldes a Washington y Franklin?

Se pensaría que una negación deliberada y práctica de su autoridad es la única ofensa que el gobierno no

Desobediencia civil

contempla; si no, ¿por qué no ha señalado el castigo definitivo, adecuado y proporcionado? Si un hombre sin recursos se niega una sola vez a pagar nueve monedas al Estado, se le encarcela (sin que ninguna ley de que yo tenga noticia lo limite) por un período indeterminado que se fija según el arbitrio de quienes lo metieron allí; pero si hubiera robado noventa veces nueve monedas al Estado, en seguida se le dejaría en libertad.

Si la injusticia forma parte de la necesaria fricción de la máquina del gobierno, dejadla así, dejadla. Quizás desaparezca con el tiempo; lo que sí es cierto es que la máquina acabará por romperse. Si la injusticia tiene un muelle o una polea o una cuerda o una manivela exclusivamente para ella, entonces tal vez debáis considerar si el remedio no será peor que la enfermedad; pero si es de tal naturaleza que os obliga a ser agentes de la injusticia, entonces os digo, quebrantad la ley. Que vuestra vida sea un freno que detenga la máquina. Lo que tengo que hacer es asegurarme de que no me presto a hacer el daño que yo mismo condeno.

En cuanto a adoptar los medios que el Estado aporta para remediar el mal, yo no conozco tales medios. Requieren demasiado tiempo y se invertiría toda la vida. Tengo otros asuntos que atender. No vine al mundo para hacer de él un buen lugar para vivir, sino a vivir en él, sea bueno o malo. Un hombre no tiene que hacerlo todo, sino algo, y debido a que no puede hacerlo «todo» no es necesario que haga «algo» mal.

No es asunto mío interpelar al gobierno o a la Asamblea Legislativa, como tampoco el de ellos interpelarme a mí, y si no quieren escuchar mis súplicas, ¿qué debo hacer yo? Para esta situación el Estado no ha previsto ninguna salida, su Constitución es la culpable[17]. Esto puede parecer duro y obstinado e intransigente, pero a quien se ha de tratar con mayor consideración y amabilidad es únicamente al espíritu que lo aprecie o lo merezca. Sucede, pues, que todo cambio es para mejor, como el nacer y el morir que producen cambios en nuestro cuerpo.

No vacilo en decir que aquellos que se autodenominan abolicionistas deberían inmediatamente retirar su apoyo personal y pecuniario al gobierno de Massachusetts, y no esperar a constituir una mayoría, antes de tolerar que la injusticia impere sobre ellos. Yo creo que es suficiente con que tengan a Dios de su parte, sin esperar a más[18]. Un hombre con más razón que sus conciudadanos ya constituye una mayoría de uno. Tan sólo una vez al año me enfrento directamente cara a cara con este gobierno americano o su representante, el gobierno del Estado en la persona del recaudador de impuestos. Es la única situación en que un hombre de mi posición inevitablemente se encuentra con

17. Thoreau ni sacraliza la Constitución ni la considera instrumento legal intocable o inatacable. Desde el punto de vista de su teoría del gobierno legítimo, sólo cuando alcanza la aquiescencia de los ciudadanos, esta actitud crítica y racional tiene pleno sentido.

18. La frase procede del reformador escocés John Knox, quien acuñó la expresión, utilizada luego con tan diversos matices manipulados: «Un hombre con Dios de su parte, siempre está en mayoría».

Desobediencia civil

él, y él entonces dice claramente: «Reconóceme». Y el modo más simple y efectivo, y hasta el único posible de tratarlo en el actual estado de cosas, de expresar mi poca satisfacción y mi poco amor por él, es rechazarlo. Mi convecino civil, el recaudador de impuestos, es el único hombre con el que tengo que tratar, puesto que, después de todo, yo peleo con personas y no con papeles, y ha elegido voluntariamente ser un agente del gobierno; ¿cómo va a conocer su identidad y su cometido como funcionario del gobierno o como hombre, si no le obligan a decidir si ha de tratarme a mí, que soy su vecino a quien respeta, como a tal vecino y hombre honrado o como a un maníaco que turba la paz? Después veríamos si puede saltarse ese sentimiento de buena vecindad sin recurrir a pensamientos o palabras más duros e impetuosos de acuerdo con esa actuación. Estoy seguro de que si mil, si cien, si diez hombres que pudiese nombrar, si solamente diez hombres honrados, incluso si un solo hombre honrado en este Estado de Massachusetts, dejase en libertad a sus esclavos y rompiera su asociación con el gobierno nacional y fuera por ello encerrado en la cárcel del condado, esto significaría la abolición de la esclavitud de América. Lo que importa no es que el comienzo sea pequeño; lo que se hace bien una vez, queda bien hecho para siempre. Pero nos gusta más hablar de ello: decimos que ésa es nuestra misión. La reforma cuenta con docenas de periódicos a su favor, pero ni con un solo hombre. Si mi estimado vecino, el embajador del Estado, que va a dedicar su tiempo a solucionar la cuestión de los derechos humanos en la Cámara del Consejo, en vez de sentirse amenazado por las prisiones de Carolina, tuviera que ocuparse del prisionero de Massachusetts, el prisionero de ese Estado que se siente tan ansioso de cargar el pecado de la esclavitud sobre su hermano (aunque, por ahora, sólo ha descubierto un acto de falta de hospitalidad para fundamentar su querella contra él), la legislatura no desestimaría el tema por completo el invierno que viene.

Bajo un gobierno que encarcela a alguien injustamente, el lugar que debe ocupar el justo es también la prisión. Hoy, el lugar adecuado, el único que Massachusetts ofrece a sus espíritus más libres y menos sumisos, son sus prisiones; se les encarcela y se les aparta del Estado por acción de éste, del mismo modo que ellos habían hecho ya por sus principios. Ahí es donde el esclavo negro fugitivo y el prisionero mexicano en libertad condicional y el indio que viene a interceder por los daños infligidos a su raza deberían encontrarlos; en ese lugar separado, pero más libre y honorable, donde el Estado sitúa a los que no están «con» él sino «contra» él: ésta es la única casa, en un Estado con esclavos, donde el hombre libre puede permanecer con honor. Si alguien piensa que su influencia se perdería allí, que sus voces dejarían de afligir el oído del Estado y que ya no serían un enemigo dentro de sus murallas, no saben cuánto más fuerte es la verdad que el error, cuanto más elocuente y eficiente puede ser combatir la injusticia cuando se ha sufrido en propia carne. Deposita todo tu voto, no sólo una papeleta, sino toda

Desobediencia civil

tu influencia. Una minoría no tiene ningún poder mientras se aviene a la voluntad de la mayoría: en ese caso ni siquiera es una minoría. Pero cuando se opone con todas sus fuerzas, es imparable. Si las alternativas son encerrar a los justos en prisión o renunciar a la guerra y a la esclavitud, el Estado no dudará cuál elegir. Si mil hombres dejaran de pagar sus impuestos este año, tal medida no sería ni violenta ni cruel, mientras que si los pagan, se capacita al Estado para cometer actos de violencia y derramar la sangre de los inocentes. Ésta es la definición de una revolución pacífica, si tal es posible[19]. Si el recaudador de impuestos o cualquier otro funcionario público me preguntara –como así ha sucedido–: «Pero, ¿qué debo hacer?», mi respuesta sería: «Si de verdad deseas colaborar, renuncia al cargo». Una vez que el súbdito ha retirado su lealtad y el funcionario ha renunciado a su cargo, la revolución está conseguida. Incluso aunque haya derramamiento de sangre. ¿Acaso no hay un tipo de derramamiento de sangre cuando se hiere la conciencia? Por esa herida se vierten la auténtica humanidad e inmortalidad del hombre y su hemorragia le ocasiona una muerte interminable. Ya veo correr esos ríos de sangre.

Me he referido al encarcelamiento del objetor y no a la incautación de sus bienes, aunque ambos cumplen

---

19. Esta formulación ha inspirado luego movimientos de resistencia pacífica activa o de desobediencia civil, algunos de cuyos exponentes más representativos fueron Gandhi, por supuesto, y Martin Luther King.

los mismos fines, porque aquellos que afirman la justicia más limpia y, por tanto, los más peligrosos para un Estado corrompido, no suelen haber dedicado mucho tiempo a acumular riquezas. A estos tales el Estado les presta un servicio relativamente pequeño, y el mínimo impuesto suele parecerles exagerado, en especial si se ven obligados a ganarlo con el sudor de su frente. Si hubiera alguien que viviera sin hacer uso del dinero en absoluto, el Estado mismo dudaría en reclamárselo. Pero los ricos (y no se trata de comparaciones odiosas) están siempre vendidos a la institución que los hace ricos. Hablando en términos absolutos, a mayor riqueza, menos virtud; porque el dinero vincula al hombre con sus bienes y le permite conseguirlos y, desde luego, la obtención de ese dinero en sí mismo no constituye ninguna gran virtud. El dinero acalla muchas preguntas que de otra manera tendría que contestar, mientras que la única nueva que se le plantea es la difícil pero superflua de cómo gastarlo. De este modo, sus principios morales se derrumban a sus pies. Las oportunidades de una vida plena disminuyen en la misma proporción en que se incrementan lo que se ha dado en llamar los «medios de fortuna». Lo mejor que el rico puede hacer en favor de su cultura es procurar llevar a cabo aquellos planes en que pensaba cuando era pobre. Cristo respondió a los fariseos en una situación semejante: «Mostradme la moneda del tributo», dijo y uno sacó un céntimo del bolsillo. Si usáis moneda que lleva la efigie del César y él la ha valorado y hecho circular, y si «sois ciudadanos del

Estado» y disfrutáis con agrado de las ventajas del gobierno del César, entonces devolvedle algo de lo suyo cuando os lo reclame: «Dad al César lo que es del César y a Dios lo que es de Dios»[20]. Y se quedaron como estaban sin saber qué era de quién, porque no querían saberlo.

Cuando hablo con el más independiente de mis conciudadanos, me doy cuenta de que diga lo que diga acerca de la magnitud y seriedad del problema, y su interés por la tranquilidad pública, en última instancia no puede prescindir del gobierno actual y teme las consecuencias que la desobediencia pudiera acarrear a sus bienes y a su familia. Por mi parte, no me gustaría pensar que algún día voy a depender de la protección del Estado. Si rechazo la autoridad del Estado cuando me presenta la factura de los impuestos, pronto se apoderará de lo mío y gastará mis bienes y nos hostigará interminablemente a mí y a mis hijos. Esto es duro. Esto hace que al hombre le sea imposible vivir con honradez y al mismo tiempo con comodidad en la vida material. No merece la pena acumular bienes; con toda seguridad se los volverían a llevar; es mejor emplearse o establecerse en alguna granja y cultivar una pequeña cosecha y consumirla cuanto antes. Se debe vivir independientemente sin depender más que de uno mismo, siempre dispuesto y preparado para volver a empezar y sin implicarse en muchos negocios. Un hombre puede enriquecerse hasta en

20. Mateo 22, 16-21.

Turquía si se comporta en todos los aspectos como un buen súbdito del gobierno turco. Decía Confucio: «Si un Estado se gobierna siguiendo los dictados de la razón, la pobreza y la miseria provocan la vergüenza; si un Estado no se gobierna siguiendo la razón, las riquezas y los honores provocan la vergüenza». No: mientras no necesite que Massachusetts me socorra en algún lejano puerto del Sur, donde mi libertad se halle en peligro, o mientras me dedique únicamente a adquirir una granja por medios pacíficos en mi propio país, podré permitirme el lujo de negarle lealtad a Massachusetts y su derecho sobre mi vida y mis bienes. Además, me cuesta menos trabajo desobedecer al Estado, que obedecerle. Si hiciera esto último, me sentiría menos digno.

Hace algunos años, el Estado me instó en nombre de la Iglesia a que pagara cierta suma para mantener al clérigo a cuyos oficios solía asistir mi padre, aunque no yo. «Paga –se me dijo– o serás encarcelado.» Me negué a pagar pero lamentablemente otro decidió hacer el pago por mí. No veía por qué el maestro tenía que contribuir con sus impuestos al sustento del clérigo y no el clérigo al del maestro; dado que además yo no era maestro del Estado y me mantenía gracias a una suscripción popular. No veía por qué la escuela carecía del derecho a recibir impuestos del Estado, mientras que la Iglesia sí lo tenía. De todos modos, ante el requerimiento de los concejales, me avine a redactar una declaración en los siguientes términos: «Sepan todos por la presente, que yo, Henry Thoreau,

Desobediencia civil

no deseo ser considerado miembro de ninguna sociedad legalmente constituida en la que no me haya inscrito personalmente». La entregué al alguacil y él la tiene. El Estado, sabiendo de este modo que no deseaba ser considerado miembro de esa Iglesia, no ha vuelto a reclamarme aquel impuesto, aunque mantuvo su exigencia inicial por aquella sola vez. Si hubiera sabido entonces cómo denominarlas, me habría borrado una por una de todas las sociedades de las que jamás me hice miembro, pero no sabía dónde conseguir una lista completa.

No he pagado «los impuestos sobre los votantes» desde hace seis años. Por ello me encarcelaron una vez, durante una noche, y mientras contemplaba los muros de piedra sólida de 60 u 80 cm de espesor, la puerta de hierro y madera de 30 cm de grosor y la reja de hierro que filtraba la luz, no pude por menos que sentirme impresionado por la estupidez de aquella institución que me trataba como si fuera mera carne, sangre y huesos que encerrar. Me admiraba que alguien pudiera concluir que ése era el mejor uso que se podría hacer de mí, y no hubieran pensado en beneficiarse de mis servicios de algún otro modo. Me parecía que si un muro de piedra me separaba de mis conciudadanos, aún habría otro más difícil de rebasar o perforar para que ellos consiguieran ser tan libres como yo. No me sentí confinado ni un solo instante, y los muros se me antojaban enormes derroches de piedra y cemento. Me sentía como si yo hubiera sido el único ciudadano que había pagado mis impuestos.

105

Sencillamente no sabían cómo tratarme y se comportaban como personas ineducadas. Lo mismo cuando alababan que cuando amenazaban, cometían una estupidez, ya que pensaban que mi deseo era saltar al otro lado del muro. No podía hacer otra cosa que sonreír al ver con qué esfuerzo me cerraban la puerta, mientras mis pensamientos los seguían fuera de allí sin obstáculo ni impedimento, cuando eran «ellos» los únicos peligrosos. Como no podían llegar a mi alma, habían decidido castigar mi cuerpo como hacen los niños que, cuando no pueden alcanzar a la persona que los fastidia, maltratan a su perro. Yo veía al Estado como a un necio, como a una mujer solitaria que temiese por sus cubiertos de plata y que no supiese distinguir a sus amigos de sus enemigos. Perdí todo el respeto que aún le tenía y me compadecí de él.

El Estado nunca se enfrenta voluntariamente con la conciencia intelectual o moral de un hombre sino con su cuerpo, con sus sentidos. No se arma de honradez o de inteligencia sino que recurre a la simple fuerza física. Yo no he nacido para ser violentado. Seguiré mi propio camino. Veremos quién es el más fuerte. ¿Qué fuerza tiene la multitud? Sólo pueden obligarme aquellos que obedecen a una ley superior a la mía. Me obligan a ser como ellos. Yo no oigo que a los *hombres* les *obliguen* a vivir de tal o cual manera las masas. ¿Qué vida sería ésa? Cuando veo que un gobierno me dice: «La bolsa o la vida», ¿por qué voy a apresurarme a darle mi dinero? Puede que se halle en grandes aprietos y no sepa qué hacer: yo no puedo hacer nada por él; debe salvarse a sí mismo, como hago yo. No merece la pena lloriquear. Yo no soy el responsable del buen funcionamiento de la máquina de la sociedad. Yo no soy el hijo del maquinista. Observo que cuando una bellota y una castaña caen al lado, una no permanece inerte para dejar espacio a la otra, sino que ambas obedecen sus propias leyes y brotan y crecen y florecen lo mejor que pueden, hasta que una acaso ensombrece y destruye a la otra. Si una planta no puede vivir de acuerdo con su naturaleza, muere, y lo mismo le ocurre al hombre.

La noche en prisión fue una novedad interesante. Cuando entré, los presos en mangas de camisa disfrutaban charlando y tomando el fresco de la tarde en la puerta. Pero el carcelero dijo: «¡Vamos, muchachos, es hora de cerrar!», y todos se dispersaron y oí el sonido de sus pasos volviendo a los oscuros aposentos. El carcelero me presentó a mi compañero de celda como un «individuo inteligente y de buen natural». Cuando cerraron la puerta, me enseñó dónde podía colgar el sombrero y cómo se las arreglaba uno allí dentro. Blanqueaban las celdas una vez al mes y ésta, si no las demás, era la habitación más blanca, más sencillamente amueblada y probablemente más limpia de toda la ciudad. Mi compañero se interesó inmediatamente por mí: quería saber de dónde era y qué me había traído aquí, y cuando se lo dije le pregunté a su vez cómo había venido él, dando por supuesto que se trataba de un hombre honrado, y tal como está el mundo, creo que lo era. «Pues –dijo– me acusan de incendiar un granero, pero no lo hice». Según pude averiguar, probablemente había ido a dormir la borrachera a un granero y al fumar allí su pipa, el granero se incendió. Tenía fama de hombre listo, llevaba tres meses esperando el juicio y tendría que esperar otro tanto aún; pero se había adaptado y aceptaba su situación puesto que le mantenían gratis y le trataban bien.

Él ocupaba una ventana y yo la otra, y me di cuenta de que si uno permanecía allí mucho tiempo, su quehacer principal consistiría en mirar por la ventana. Muy pronto había leído todos los panfletos que se habían ido dejando allí y examinando por dónde se habían escapado otros presos y dónde habían aserrado una reja, y también conocí anécdotas de varios ocupantes de aquella celda. Descubrí que incluso había una historia y unos chismes que jamás salían de los muros de la prisión. Probablemente sea ésta la única casa en la ciudad donde se componen versos que luego se copian aunque no lleguen a publicarse. Me enseñaron una larga lista de versos compuestos por varios jóvenes a los que habían descubierto en plena huida, y los cantaban para vengarse.

Le saqué a mi compañero de celda toda la información que pude, temiendo no volver a verlo nunca más; pero finalmente me indicó cuál era mi cama y se alejó para apagar la lámpara.

Pernoctar allí esa noche fue como viajar a un país que jamás hubiera imaginado conocer. Me parecía que nunca antes había oído las campanadas del reloj del Ayuntamiento ni los ruidos de la noche en la ciudad, y es que dormíamos con las ventanas abiertas por dentro de la reja. Era como contemplar mi ciudad natal a la luz de la Edad Media y nuestro Concord convertido en el Rin, con visiones de caballeros y castillos desfilando ante mí. Eran las voces de mis vecinos en las calles lo que yo oía. Me convertí en un espectador y oyente involuntario de lo que sucede en la cocina de la posada contigua, una experiencia totalmente nueva y extraña para mí. Me proporcionó un conocimiento de primera mano de mi ciudad natal. Estaba absolutamente dentro de ella. Nunca hasta entonces había visto sus instituciones. Ésta es una de sus instituciones más peculiares, pues se trata de una cabeza de partido. Empezaba a comprender de verdad a sus habitantes.

Por la mañana nos pasaron el desayuno por una abertura en la puerta en pequeñas latas ovaladas hechas a la medida que contenían medio litro de chocolate con pan moreno y una cuchara de hierro. Cuando volvieron para recoger los cacharros caí en la novatada de devolver el pan que me había sobrado, pero mi compañero lo agarró y me dijo que debía guardarlo para la comida o la cena. En seguida le dejaron salir para acudir a su trabajo de recogida de heno en un campo cercano al que iba cada día y del que no volvía hasta el mediodía; por tanto, se despidió diciendo que no sabía si nos volveríamos a ver.

Cuando salí de la prisión (pues alguien intervino en mis asuntos y pagó el impuesto) no observé que se hubieran producido grandes cambios en la gente, como le hubiese sucedido al que se marchase de joven y volviese hecho un viejo tembloroso y lleno de canas. Sin embargo, sí aprecié un cierto cambio en la escena: en la ciudad, en el Estado y en el país; un cambio mayor que el debido al mero paso del tiempo. El Estado en el que vivía se me presentaba con mayor nitidez. Vi hasta qué punto podía confiar como vecinos o amigos en la gente con la que vivía, que su amistad era de poco fiar, que no se proponían hacer el bien. Eran de una raza distinta a la mía por sus prejuicios y supersticiones, como los chinos y los malayos que, en sus sacrificios a la humanidad, no corren riesgo alguno ni tampoco sus bienes. Después de todo, no eran tan nobles y trataban al ladrón como les había tratado a ellos; y esperaban salvar sus almas mediante la observancia de ciertas costumbres y unas cuantas oraciones, y caminando de vez en cuando por senderos rectos pero inútiles. Puede que esta crítica a mis vecinos parezca severa, puesto que muchos de ellos no saben que existe una institución como la cárcel en su ciudad.

Antes era costumbre en nuestra ciudad que, cuando un deudor pobre salía de la cárcel, sus conocidos le saludaran mirando a través de los dedos cruzados, para representar las rejas de la cárcel: «¿Qué tal?». Mis vecinos no hicieron eso sino que primero me miraron a mí y luego se miraron unos a otros, como si hubiera vuelto de un largo viaje. Me prendieron cuando iba al zapatero a recoger un zapato que me habían arreglado. Cuando me soltaron, a la mañana siguiente, procedí a finalizar mi recado, y tras ponerme el zapato arreglado, me uní a un grupo que iba a recoger bayas y que me esperaban para que les hiciese de guía, y en media hora (pues aparejé el caballo con rapidez) estaba en medio de un campo de bayas, en una de nuestras colinas más altas, a tres kilómetros de distancia,

Desobediencia civil

y allí no se veía al Estado por ningún lado. Ésta es la historia completa de «Mis prisiones»[21].

Nunca me he negado a pagar el impuesto de carreteras porque tan deseoso estoy de ser un buen vecino como de ser un mal súbdito; y respecto del mantenimiento de las escuelas, estoy contribuyendo ahora a la educación de mis compatriotas. No me niego a pagar los impuestos por ninguna razón en concreto; simplemente deseo negarle mi lealtad al Estado, retirarme y mantenerme al margen. Aunque pudiera saberlo, no me importaría conocer el destino de mi dinero, hasta que se comprara con él a un hombre o a un mosquetón para matar –el dinero es inocente–, pero me interesaría conocer las consecuencias que tendría mi lealtad. A mi modo, en silencio, le declaro la guerra al Estado, aunque todavía haré todo el uso de él y le sacaré todo el provecho que pueda, como suele hacerse en estos casos.

Si otros, por simpatía con el Estado, pagan los impuestos que yo me niego a pagar, están haciendo lo que antes hicieron por sí mismos, o por mejor decir, están llevando la injusticia más allá todavía de lo que exige el Estado. Si los pagan por un equivocado interés en la persona afectada, para preservar sus bienes o evitar que vaya a la cárcel, es porque no han considerado con sensatez hasta qué punto sus sentimientos personales interfieren con el bien público.

21. Alusión a la obra de Silvio Pellico (1789-1854) *Mis prisiones*. [*N. del T.*]

Ésta, pues, es mi postura en estos momentos. Pero en tales casos hay que estar muy en guardia para evitar actuar llevado por la obstinación o por un indebido respeto a la opinión del prójimo. Lo que hay que comprender es que actuando así se está haciendo lo que uno debe y lo que corresponde a ese momento.

A veces pienso que estas gentes tienen buenas intenciones pero son ignorantes; serían mejores si entendieran todo esto. ¿Por qué obligar a tu vecino al esfuerzo de tratarte en contra de sus propias inclinaciones? Sin embargo, yo creo que ésta no es razón suficiente para que yo los imite o para que permita que otros sufran otras calamidades mucho mayores. A veces me digo a mí mismo: cuando muchos millones de hombres sin odio, sin mala voluntad, sin sentimientos personales de ningún tipo, os piden unas pocas monedas, y no existe la posibilidad –según su propia constitución– de retirar o alterar tal demanda, ni la posibilidad, por tu parte, de ayudar a otros millones, ¿por qué te tendrías que exponer a esta aplastante fuerza bruta? Tú no te resistes con esa obstinación al frío y al hambre, al viento y a las olas, sino que te sometes resignadamente a esas y a otras muchas penalidades similares. No metes la cabeza en el fuego innecesariamente. Pero exactamente en la misma proporción en que considero que ésta no es completamente una fuerza bruta, sino que es en parte una fuerza humana, y creo que tengo relaciones con esos millones, que son relaciones con millones de hombres y no con simples animales o cosas inanimadas, veo que la apelación es posible, en primer lugar, y de modo inmediato, de ellos hacia su Creador; y en segundo lugar, de ellos hacia sí mismos. Pero si deliberadamente meto la cabeza en el fuego, no hay apelación posible ni al fuego ni al Creador del fuego, y yo sólo sería responsable de las consecuencias. Si me pudiese convencer a mí mismo de que tengo el más mínimo derecho a sentirme satisfecho de los hombres tal como son, y tratarlos en consecuencia, y no, en cierto sentido, según mi convicción y mi esperanza de cómo ellos y yo deberíamos ser, entonces, como un buen musulmán y fatalista me las arreglaría para quedarme tranquilo con las cosas tal como son, y diría que se trataba de la voluntad de Dios. Y, sobre todo, hay una diferencia entre resistir a esto y a una mera fuerza animal o natural: al resistir a esto consigo algún efecto; pero no puedo esperar cambiar, como Orfeo[22], la naturaleza de las rocas, los árboles y las bestias.

No tengo interés en discutir con ningún hombre o nación. No deseo ser puntilloso y establecer distinciones sutiles; ni tampoco quiero presentarme como el mejor de mis conciudadanos. Lo que yo busco, en cambio, es una excusa para dar mi conformidad a las leyes de este país. Estoy totalmente dispuesto a someterme a ellas. De hecho, siempre tengo razones para

---

22. Orfeo, hijo de Calíope, «la más elevada en dignidad de las nueve Musas. Orfeo es el cantor por excelencia, el músico y el poeta. Toca la lira y la cítara. Orfeo sabía entonar cantos tan dulces que las fieras lo seguían, las plantas y los árboles se inclinaban hacia él, y suavizaba el carácter de los hombres más ariscos» (Pierre Grimal).

dudar de mi postura y cada año, cuando pasa el recaudador de impuestos, me dispongo a revisar las leyes y la situación de ambos gobiernos, el federal y el del Estado, así como la opinión del pueblo en busca de un pretexto para dar esa conformidad.

Debemos interesarnos por nuestro país como si fuera nuestro padre, y si en algún momento nos negamos a honrarle con nuestro amor o nuestro esfuerzo, debemos, sin embargo, respetarle y educar al alma en cuestiones de conciencia y religión, y no en deseos de poder ni de beneficio propio.

Creo que el Estado podrá evitarme pronto toda esta preocupación, y entonces no seré más patriota que mis convecinos. Desde cierto punto de vista, la Constitución, con todos sus fallos, es muy buena; las leyes y los tribunales son muy respetables, incluso el gobierno federal y el de este Estado son, en muchos sentidos, admirables y originales; algo por lo que debemos estar agradecidos, tal como mucha gente ha hecho. Pero si elevamos un poco nuestras miras, en realidad no serían más que como los he descrito yo, y si nos elevamos aún más, ¿quién sabe lo que son o si merece la pena observarlos o pensar en ellos?

De todos modos, el gobierno no es algo que me preocupe demasiado, y voy a pensar muy poco en él. No son muchas las ocasiones en que me afecta directamente, ni siquiera en este mundo en que vivimos. Si un hombre piensa con libertad, sueña con libertad e imagina con libertad, nunca le va a parecer que «es» aquello que «no es», y ni los gobernantes ni los reformadores ineptos podrán en realidad coaccionarle.

Sé que la mayoría de los hombres piensan de distinto modo, pero son aquellos que se dedican profesionalmente al estudio de estos temas u otros semejantes los que más me preocupan, los estadistas y legisladores, que se hallan tan plenamente integrados en las instituciones que jamás las pueden contemplar con actitud clara y crítica. Hablan de cambiar a la sociedad, pero no se sienten cómodos fuera de ella. Puede que se trate de hombres de cierta experiencia y criterio, y, sin lugar a dudas, han inventado soluciones ingeniosas e incluso útiles, por lo que sinceramente les damos las gracias; pero todo su talento y su utilidad se encuentran dentro de límites muy reducidos. Suelen olvidar que al mundo no lo gobiernan ni la política ni la conveniencia. Webster[23] jamás ve más allá del gobierno y por tanto no puede hablar de él con autoridad. Sus palabras las consideran válidas aquellos legisladores que no contemplan la necesidad de una reforma social en el gobierno actual, pero a los inteligentes y a los que legislan con idea de futuro les parece que ni siquiera vislumbra el problema.

Conozco a unos cuantos que con sus serenos y sabios argumentos sobre este tema pondrían de mani-

---

23. Daniel Webster (1782-1852), destacado político americano de mediados del siglo XIX.

fiesto cuán limitada es la capacidad de Webster para la reflexión y la apertura a nuevas ideas. Y, sin embargo, si lo comparamos con el pobre quehacer de los reformistas y el aún más pobre ingenio y elocuencia de los políticos en general, sus palabras resultarían ser las más sensatas y válidas, y damos las gracias al Cielo porque existen. En comparación con los otros, él es siempre fuerte, original y sobre todo práctico. Con todo, su mayor cualidad no es su sabiduría sino su prudencia. Lo que el abogado llama verdad no es la auténtica Verdad sino la coherencia o una conveniencia coherente. La Verdad está siempre en armonía consigo misma y no se preocupa, al menos básicamente, de poner de relieve la justicia que pueda ser consistente con el mal. Bien merece que le llamen, como ha ocurrido, el Defensor de la Constitución. Los únicos golpes que ha dado han sido siempre defensivos. No es un líder sino un seguidor. Sus líderes son los hombres del 87[24]. «Nunca me he esforzado –dice– y nunca pienso esforzarme; jamás he aprobado un esfuerzo, y no pienso hacerlo ahora, para alterar el acuerdo original por el cual los diferentes Estados llegaron a constituirse en la Unión»[25]. Respecto del hecho de que la Constitución sancione

24. Se refiere a los redactores de la Constitución que en 1887 aprobaron los Estados. Puesto que la esclavitud se acepta en ella, que todo quede como estaba.
25. El 22 de diciembre de 1845, Webster pronunció un famoso discurso sobre la admisión de Texas como Estado de la Unión. Estas frases proceden de este documento.

la existencia de la esclavitud, dice: «Dado que forma parte del contrato original, dejémoslo como está». Pese a su especial agudeza y habilidad, es incapaz de extraer un hecho y sacarlo de sus meras implicaciones políticas, para contemplarlo de una manera exclusivamente intelectual (por ejemplo, lo que le tocaría hacer a un hombre hoy en América, en relación con el problema de la esclavitud), sino que más bien se aventura o se ve llevado a dar una respuesta tan descabellada como la siguiente, mientras anuncia que habla en términos absolutos y a título personal (y ¿qué nuevo sistema de valores sociales podríamos deducir de ahí?):

> El modo –dice– en que el gobierno de esos Estados donde existe la esclavitud hayan de regularla es asunto suyo, responsabilidad suya ante sus electores, ante las leyes generales de lo que es apropiado, de la humanidad y de la justicia y ante Dios. Las asociaciones que puedan formarse en otros lugares surgidas de un sentimiento de humanidad o de otras causas no tienen nada que ver con esta cuestión. Nunca han recibido mi apoyo y nunca lo tendrán.

Quienes no conocen otras fuentes de verdad más puras, quienes no han seguido su curso hasta sus orígenes, están, y con razón, del lado de la Biblia y la Constitución y beben de ellas con reverencia y humildad. Pero aquellos que van más allá y buscan el origen del agua que gotea sobre el lago o la charca se ciñen los lomos una vez más y siguen su peregrinación en busca del manantial.

No ha habido en América ni un solo hombre con genio para legislar[26]. Son escasos en la historia del mundo. Hay centenares de oradores, políticos y hombres elocuentes, pero el orador capaz de resolver los acuciantes problemas de hoy, aún no ha abierto la boca. Nos gusta la elocuencia por sí misma y no porque sea portadora de ninguna verdad o porque inspire cierto heroísmo. Nuestros legisladores aún no han aprendido el valor relativo que encierran el libre comercio y la libertad, la unión y la rectitud, para una nación. Carecen de genio o talento para cuestiones relativamente sencillas, como son los impuestos y las finanzas, el comercio, la industria y la agricultura. Si nos dejáramos guiar por la ingeniosa verborrea de los legisladores del Congreso, sin que la oportuna experiencia del pueblo y sus protestas concretas los corrigieran, América pronto dejaría de conservar su rango entre las naciones. El Nuevo Testamento se escribió hace mil ochocientos años –aunque tal vez no debería referirme a ello– y, sin embargo, ¿dónde está el legislador con sabiduría y talento suficiente como para aprovechar la luz que de él dimana y aplicarla sobre la ciencia legislativa?

La autoridad del gobierno, aun aquella a la que estoy dispuesto a someterme –pues obedeceré a los que

---

26. En esto coinciden otros observadores más recientes, algunos de ellos ilustres, sobre la mímesis ideológica constante de los Estados Unidos; Santayana, por ejemplo: «Un país nuevo con mentalidad vieja», etc. Alguien ha preguntado: ¿pero existe algún pensador americano?

saben y pueden hacer las cosas mejor que yo, y en ciertos casos, hasta a los que ni saben ni pueden– es todavía muy impura. Para ser estrictamente justa habrá de contar con la aprobación y consenso de los gobernados[27]. No puede ejercer más derecho sobre mi persona y propiedad que el que yo le conceda. El progreso desde una monarquía absoluta a otra limitada en su poder, y desde esta última hasta una democracia, es un progreso hacia el verdadero respeto por el individuo. Incluso el filósofo chino fue lo suficientemente sabio como para considerar que el individuo es la base del imperio. ¿Una democracia, tal como la entendemos, es el último logro posible en materia de gobierno? ¿No es posible dar un paso adelante tendente a reconocer y organizar los derechos del hombre? Jamás habrá un Estado realmente libre y culto hasta que no reconozca al individuo como un poder superior e independiente, del que se deriven su propio poder y autoridad y le trate en consecuencia. Me complazco imaginándome un Estado que por fin sea justo con todos los hombres y trate a cada individuo con el respeto de un amigo. Que no juzgue contrario a su propia

27. Vuelve Thoreau a mencionar el pactismo y la voluntad de los gobernados como única fuente legítima de validez para cualquier gobierno. Como ha quedado indicado un poco antes, ésta fue una de las aportaciones originales, y hasta revolucionarias, de los puritanos. Si bien en cuestiones doctrinales resultaron ser dogmáticos y represores, en materia política en cambio sentaron bases democratizadoras y progresistas. Las influencias ideológicas de Locke se dejaron sentir profundamente en la Revolución americana a través principalmente de Tom Paine. Thoreau recuerda y ahonda en esa tradición.

estabilidad el que haya personas que vivan fuera de él, sin interferir con él ni acogerse a él, tan sólo cumpliendo con sus deberes de vecino y amigo. Un Estado que diera este fruto y permitiera a sus ciudadanos desligarse de él al lograr la madurez, prepararía el camino para otro Estado más perfecto y glorioso aún, el cual también imagino a veces, pero todavía no he vislumbrado por ninguna parte.

La esclavitud en Massachusetts[1]

Recientemente asistí a una reunión de los ciudadanos de Concord, con la intención, como otros muchos, de poder hablar sobre el tema de la esclavitud en Massachusetts; pero me sorprendió y a la vez me decepcionó descubrir que lo que había congregado allí a mis convecinos era el destino de Nebraska y no el de Massachusetts, con lo cual mi discurso habría estado totalmente fuera de lugar. Yo creía que era nuestra casa la que estaba ardiendo y no el campo; pero a pesar de que varios ciudadanos de Massachusetts están ahora en prisión por intentar rescatar a un esclavo de las garras del Estado[2], ninguno de los oradores de esa asam-

1. Discurso pronunciado el 4 de julio de 1854 en Framingham, en una celebración antiesclavista con motivo de la Independencia de Estados Unidos. Publicado en *The Liberator,* el semanario de William Lloyd Garrison, el 21 de julio de ese mismo año.
2. Anthony Burns. La historia de este acontecimiento la relata Thoreau por extenso en su *Diario*. La acción tuvo lugar el 25 mayo de 1854.

blea expresó pesar alguno, ni tan siquiera hubo referencias al tema. Lo único que parecía preocuparles era la distribución de una tierra salvaje a miles de kilómetros de distancia. Los habitantes de Concord no están preparados para vivir junto a uno de sus puentes, pero hablan en cambio de asentarse en las tierras altas, al otro lado del río Yellowstone. Nuestros Buttricks y Davises y Hosmers están batiéndose en retirada hacia allí, y temo que no van a dejar un Lexington Common[3] entre ellos y el enemigo. No hay ni un solo esclavo en Nebraska, pero puede que haya un millón de ellos en Massachusetts.

Los que se han educado en la escuela de la política son incapaces una y otra vez de enfrentarse a los hechos. Sus medidas lo son a medias, meros subterfugios. Posponen la fecha del asentamiento indefinidamente y, mientras tanto, la deuda se incrementa. Aunque la Ley de Esclavos Fugitivos no fue tema de discusión en esa ocasión, mis conciudadanos decidieron por fin tímidamente, en una reunión posterior, según supe, que habiendo sido rechazado por uno de los partidos el acuerdo de compromiso de 1820, «por tanto [...], la Ley de Esclavos Fugitivos de 1850 debe derogarse»[4]. Pero ésa no es la única razón por la que

3. Alusión a una escaramuza durante la Guerra de la Independencia, en Concord. Los nombres de las personas mencionadas son los de diversos «héroes nacionales» muertos en esa acción bélica el 19 de abril de 1775.
4. Henry Clay llevó adelante el Compromiso de 1850. El punto 7.º de dicho Compromiso recomendaba que el Congreso aprobara una ley más eficaz contra los esclavos fugitivos. Stephen A. Douglas le tomó el relevo a Clay en la lucha en favor del Compromiso. A mediados de septiembre,

La esclavitud en Massachusetts

se debiera revocar una ley inicua. El hecho al que se enfrenta el político es tan sólo que hay menos honor entre ladrones del que se supone, y no al hecho de que sean ladrones.

Como no tuve la posibilidad de expresar mis opiniones en esa asamblea, ¿me permitiréis que lo haga aquí?

De nuevo está sucediendo que el Palacio de Justicia de Boston está lleno de hombres armados escoltando a un prisionero y juzgando a un HOMBRE para saber si realmente es un ESCLAVO. ¿Cree alguien que a la justicia o a Dios le interesa la decisión que tome Mr. Loring[5]? Que él esté sentado ahí decidiendo aún cuando esa pregunta ya está decidida desde la eternidad, y el esclavo analfabeto y la multitud que le rodea hace tiempo que han oído y aceptado la decisión, es sencillamente ponerse en ridículo. Podemos sentirnos tentados a preguntar de quién recibió su cargo, y quién es él para recibirlo, qué nuevos estatutos obedece y qué precedentes tiene de autoridad. La existencia de tal árbitro es una impertinencia. No le pedimos que tome una decisión, le exigimos que se vaya[6].

todos los puntos del Compromiso, planteados en enero, fueron aprobados por el Congreso, incluida esta nueva Ley de Esclavos Fugitivos que sustituía a la legislación de 1793.
5. Edward G. Loring, delegado del Gobierno Federal en Massachusetts y ejecutor de la Ley de Esclavos Fugitivos, por lo que al caso de Burns se refiere.
6. Insiste Thoreau de nuevo en su arraigadísima convicción, ya expresada en otros escritos, sobre el papel del gobierno como servidor del pueblo, y no a la inversa.

Presto atención a la voz de un gobernador, comandante en jefe de las tropas de Massachusetts. Oigo tan sólo el cri-cri de los grillos y el zumbido de los insectos que llenan el aire del verano. La proeza del gobernador consiste en pasar revista a las tropas los días señalados. Le he visto a caballo, descubierto, y escuchando las oraciones del capellán. Nunca más he visto a un gobernador. Creo que me las arreglaría bien sin ninguno. Si no sirve tan siquiera para evitar que me secuestren, ¿qué otra utilidad importante puede prestarme? Cuando más amenazada está la libertad, él permanece en la más profunda oscuridad. Un distinguido sacerdote me dijo una vez que había elegido la profesión del sacerdocio porque le permitía tener más tiempo libre para sus aficiones literarias. Yo le recomendaría la profesión de gobernador.

Hace tres años, cuando ocurrió la tragedia de Sims[7], yo me dije: existe un funcionario, no un hombre, que es el gobernador de Massachusetts, ¿qué ha estado haciendo los últimos quince días? ¿Ha hecho todo lo posible por mantenerse a cubierto durante este terremoto moral? Se me antojaba que no se hubiera podido lograr mayor crítica ni lanzarle insulto más mordaz que lo que ha sucedido, que nadie se dignara consultarle en aquella crisis. Lo peor, y todo lo que he llegado a saber de él, es que no aprovechó esa oportunidad para darse a conocer y ser apreciado. Al menos pudo

---

7. Otro negro, también esclavo, igualmente devuelto a sus amos. El hecho ocurrió el 12 de abril de 1851.

La esclavitud en Massachusetts

haberse «sometido» al peso de la fama. Todos parecían haber olvidado que existiera tal hombre o tal cargo. Sin embargo, no hay duda de que estaba luchando por ocupar el sillón gubernamental. No era mi gobernador. No me gobernaba a mí.

Pero por fin, en ese caso, sí hemos oído al gobernador. ¡Después de que él y el gobierno de los Estados Unidos hubieran logrado con éxito robarle su libertad de por vida a un pobre negro inocente, y tras arrancarle la más íntima semejanza con su Creador, pronunció un discurso ante sus cómplices en una cena de celebración!

He leído una ley reciente de este Estado que penaliza al oficial de la «Commonwealth» que «detenga o ayude a... la detención», siempre dentro de sus límites, «de cualquier persona que sea acusada de ser un esclavo fugitivo»[8]. También es sabido que la orden de libertad para arrancar al fugitivo de la custodia del oficial federal no puede cumplirse, por falta de fuerza suficiente para ayudar al funcionario.

Yo pensaba que el gobernador era, de algún modo, el funcionario ejecutivo del Estado, que ésa era su función como gobernador, procurar que las leyes del Estado se cumplan; mientras que como hombre tendría cuidado, al hacerlo, de no transgredir las leyes de la hu-

8. La Commonwealth de Massachusetts rechazó la Ley de Esclavos Fugitivos en su territorio, y ordenó que no se detuviera a nadie bajo estos cargos. Pero en los casos en los que se produjo conflicto entre la jurisdicción estatal y la federal, naturalmente la fuerza bruta siempre estuvo de parte de los federales, y ella prevaleció.

manidad; pero cuando se requiere de él algún servicio especial e importante, resulta ser un inútil, o peor que un inútil, y permite que las leyes del Estado sean incumplidas. Tal vez yo no conozca cuáles son los deberes del gobernador, pero si ser gobernador requiere someterse a tanta ignominia irremediable, si consiste en poner un freno a mi propia naturaleza, me cuidaré de no ser nunca gobernador de Massachusetts. No he seguido leyendo las leyes de esta Commonwealth. No constituyen una lectura beneficiosa. No siempre dicen la verdad, y no siempre quieren decir lo que dicen. Lo único que me preocupa saber es que la influencia y la autoridad de ese hombre estaban de parte del amo y no del esclavo; de parte del culpable y no del inocente; de la injusticia y no de la justicia. Ciertamente nunca he visto al hombre del que hablo, no sabía que era el gobernador hasta que tuvo lugar este suceso. Oí hablar de él y de Anthony Burns al mismo tiempo, y así, sin duda, oirá hablar de él la mayoría. Estoy muy lejos de sentirme gobernado por él. No quiero decir que vaya en detrimento suyo el que yo no hubiera sabido de él, tan sólo lo afirmo. Lo peor que diré de él es que no demostró ser mejor que la mayoría de sus electores. En mi opinión no estuvo a la altura de las circunstancias.

La totalidad de las fuerzas armadas del Estado están ahora al servicio de un tal Mr. Suttle[9], un dueño de es-

---

9. Mr. Suttle, plantador de Virginia, era el amo de Anthony Burns. A su servicio actuaron tropas y jueces que arrestaron, condenaron y devolvieron a su dueño «la propiedad» en litigio, el propio Burns.

La esclavitud en Massachusetts

clavos de Virginia, para posibilitarle la captura de un hombre que considera de su propiedad, ¡pero ningún soldado se ha ofrecido para evitar el secuestro de un ciudadano de Massachusetts! ¿Para esto han servido todos estos soldados, toda esta «instrucción» en los últimos setenta y nueve años?

¿Se han instruido sólo para saquear México y devolver a los fugitivos a sus amos?

Estas últimas noches he oído el redoble de un tambor en nuestras calles. Todavía hay hombres que «ensayan», y ¿para qué? Con un pequeño esfuerzo podría perdonar el cacareo de los gallos de pelea de Concord, porque tal vez no los hayan derrotado esa mañana; pero nunca podría excusar este bang-bang de los que «ensayan». Al esclavo lo entregó un hombre exactamente igual a ésos, es decir, un soldado de quien lo mejor que se puede decir es que es un idiota pero lleva un uniforme que le hace parecer más importante.

Hace tres años también, justo una semana después de que las autoridades de Boston se reunieran para entregar a un hombre totalmente inocente a la esclavitud y sabiendo ellos que era inocente, los habitantes de Concord tocaron las campanas y dispararon los cañones para celebrar su libertad, y la valentía y el amor a la libertad de sus ascendientes que lucharon en el puente. Como si «esos» tres millones hubieran luchado por el derecho a ser libres ellos, pero poder esclavizar a otros tres millones. Ahora los hombres llevan una gorra de loco y la llaman gorra de la libertad. Incluso juraría que hay algunos que si los ataran a un poste de flagelación y no tuvieran libre más que una mano, la usarían para tocar las campanas y disparar cañones celebrando su libertad. Así sucedió que algunos de mis convecinos se tomaron la libertad de tocar y disparar; ése era todo el alcance de su libertad, y cuando el sonido de las campanas dejó de oírse, su libertad también se extinguió; cuando toda la pólvora se hubo gastado, su libertad se desvaneció con el humo.

El chiste sería inmejorable si los reclusos de las prisiones hicieran una suscripción para la pólvora de esas salvas y contrataran a los carceleros para que tocaran y dispararan, mientras que ellos disfrutaban observando a través de las rejas.

Esto es lo que yo pensaba de mis vecinos.

Todos los honrados e inteligentes habitantes de Concord, al oír esas campanas y esos cañones, no pensarán con orgullo en los sucesos del 19 de abril de 1775, sino en la vergüenza de los sucesos del 12 de abril de 1851[10]. Pero ahora tenemos medio enterrada esa vieja vergüenza bajo otra nueva.

Massachusetts se sentó a esperar la decisión de Mr. Loring, como si eso pudiera afectar de algún modo a su propio delito. Su crimen, el más funesto y llamativo de todos, fue el de permitirle ser el árbitro en este caso. Era el proceso de Massachusetts. Cada vez que el Estado de Massachusetts dudaba en dar la libertad

---

10. Contraste entre el significado de estas dos fechas: la primera, durante la Guerra de la Independencia, en Concord y alrededores, de carácter «glorioso». La segunda, al servicio de la represión de la libertad por la que antaño se había luchado.

La esclavitud en Massachusetts

a este hombre, cada vez que dudaba en enmendar su propio crimen, se estaba confesando culpable. El comisario en este caso es Dios, no Edward G. God, sino únicamente Dios.

Me gustaría que mis compatriotas consideraran que, cualquiera que sea la ley humana, ni un individuo ni una nación pueden cometer el menor acto de injusticia contra el hombre más insignificante sin recibir por ello un castigo. Un gobierno que comete injusticias deliberadamente, y persiste en ellas, a la larga se convertirá incluso en el hazmerreír del mundo.

Se han dicho muchas cosas acerca de la esclavitud americana, pero yo creo que todavía no somos conscientes de lo que realmente significa la esclavitud. Si yo propusiera seriamente al Congreso que hiciera salchichas de la humanidad, no dudo que la mayoría de los miembros se sonreirían ante mi propuesta, y si alguno creyera que lo decía en serio, pensaría que estaba proponiendo algo mucho peor de lo que el Congreso haya hecho nunca. Pero si alguien me dijera que hacer salchichas de un hombre es mucho peor, o es absolutamente peor que convertirlo en un esclavo –que aprobar la Ley de Esclavos Fugitivos–, le acusaría de necedad, de incapacidad intelectual, de hacer distinciones sin haber diferencias. Una y otra son propuestas igualmente sensatas.

Oigo que se habla mucho de pisotear esta ley. No se precisa ningún esfuerzo para hacerlo. Esta ley no se eleva a la altura de la cabeza o de la razón, su hábitat natural es la inmundicia. Nació y se crió y tiene su vida en el polvo y el lodo, a la altura de los pies, y el que camina con libertad y no evita con misericordia hindú pisar cada reptil venenoso, la pisará sin remedio y la aplastará bajo su pie a ella y a Webster[11], su autor, como si fuera un escarabajo y su bola.

Los acontecimientos recientes serán muy válidos como crítica a nuestra administración de justicia, o mejor, como muestra de cuáles son los auténticos recursos de la justicia dentro de una comunidad. Hemos llegado a una situación en la que los amigos de la libertad, los amigos del esclavo, han temblado al comprender que el destino de éste dependía de la decisión de los tribunales legales de la nación. Los hombres libres no confían en que se imparta justicia en este caso; el juez puede decidir de un modo u otro: en el mejor de los casos se trata de un mero accidente. Es evidente que ésa no es una autoridad competente en un caso de tanta importancia. No es el momento de juzgar de acuerdo con los precedentes, sino de establecer un precedente para el futuro[12]. Yo confiaría mucho más en la opinión del pueblo. Con su voto se conseguiría algo de cierto valor, aunque no demasiado, pero de otro modo sólo tendréis, decida lo que decida, el juicio equivocado de un individuo sin valor alguno.

En cierto modo, es fatal para los tribunales que la gente se vea obligada a obedecerlos. No quiero pensar

---

11. A Webster se le consideraba en Massachusetts como uno de los principales políticos responsables del Compromiso de 1850.
12. Nuevo ataque de Thoreau a la alegada «intangibilidad» de la Constitución.

que los tribunales estén ahí para los procesos sencillos y para los casos civiles tan sólo. ¡Pensad qué pasaría si se dejara a la decisión de un tribunal del país si más de tres millones de personas, en este caso la sexta parte de la nación, tienen derecho a ser libres o no! Pero se ha confiado a los llamados tribunales de «justicia» –al Tribunal Supremo del país– y como, según todos sabéis, éstos no reconocen otra autoridad más que la Constitución[13], decidieron que esos tres millones son esclavos y continuarán siéndolo. Jueces como éstos son simplemente inspectores de ganzúas y herramientas de criminal, cuya función consiste en decirle a éste si están en buenas condiciones o no, y creen que ahí termina su responsabilidad. Había un caso previo en el sumario que, como jueces designados por Dios, no tenían ningún derecho a desestimar, caso que de haberse resuelto legítimamente, les hubiera salvado de esta humillación. Se trataba del caso del propio asesino.

La ley nunca hará libres a los hombres, son los hombres los que deben hacer libre a la ley. Los amantes de la ley y el orden cumplen la ley cuando el gobierno la infringe.

Entre los seres humanos, el juez cuyas palabras determinan el destino de un hombre en la lejana eternidad, no es el que simplemente pronuncia el veredicto de la

---

13. Severa crítica, esta vez contra la Magistratura, incluido el Tribunal Supremo, por su irracional empeño en atenerse a la letra de la Constitución, y en convertir en inmutable algo que debe servir al pueblo, sin subordinar los intereses del pueblo a ese instrumento legal.

ley, sino ese, quienquiera que sea, que por amor a la verdad y sin prejuicios basados en costumbres o leyes humanas, pronuncia un juicio justo o una «sentencia» respecto a ese hombre. Ése es el que le «sentencia». El que sea capaz de discernir la verdad, ha recibido sus poderes de manos de una fuente más alta que la del más alto juez del mundo al que sólo le preocupa la ley. Se constituye así en juez del juez. ¡Resulta extraño que tengamos necesidad de establecer verdades tan elementales!

Cada vez estoy más convencido de que, para tratar de un problema público, es más importante saber lo que opina el campo que lo que opina la ciudad. La ciudad no «piensa» demasiado. En una cuestión moral, preferiría contar con la opinión de Boxboro[14] que con la de Boston y Nueva York juntas. Cuando habla el primero siento como si alguien «hubiera» hablado, como si la «humanidad» existiera todavía, y un ser razonable hubiera hecho valer sus derechos; como si varios hombres sin prejuicios allá en las colinas del país hubieran prestado atención al tema, y con unas palabras sensatas hubieran redimido la reputación de la raza. Cuando en un pueblo perdido los granjeros organizan una asamblea especial para expresar su opinión sobre algún asunto que está preocupando a esa zona, ése, creo yo, es el verdadero y el más respetable congreso que se reúne en los Estados Unidos.

---

14. Utiliza Thoreau «Boxboro» como sinónimo de «un pueblecillo cualquiera» o una pequeña comunidad en la que las decisiones se toman democráticamente mediante asambleas de vecinos. Democracia directa.

La esclavitud en Massachusetts

Es evidente que hay, al menos en esta Commonwealth, dos partidos que son cada vez más distintos: el partido de la ciudad y el partido del campo. Ya sé que el campo es muy mezquino, pero me alegra saber que hay una leve diferencia a su favor. Por ahora existen pocos medios, si es que hay alguno por el cual se pueda expresar esta gente. Los editoriales que leen, como las noticias, vienen de la costa. Cultivemos el respeto mutuo entre nosotros, los habitantes del campo. No traigamos de la ciudad nada más que nuestras ropas y nuestros víveres y, si leemos las opiniones de la ciudad, consideremos también las nuestras.

Entre las medidas a adoptar, yo sugeriría un serio y vigoroso ataque a la prensa[15], como se acaba de hacer con mucho éxito con la Iglesia. La Iglesia ha mejorado en pocos años pero la prensa, casi sin excepción, está corrompida. Yo creo que en este país la prensa ejerce una influencia mayor y más perniciosa que la Iglesia en su peor época. No somos un pueblo religioso, pero sí somos una nación de políticos. No nos preocupa la Biblia pero sí nos preocupan los periódicos. ¡En cualquier reunión de políticos –como aquella de Concord la otra noche, por ejemplo– cuán impertinente resultaría citar de la Biblia!, ¡qué apropiado citar de un periódico o de la Constitución! El periódico es la Biblia que leemos cada mañana y cada tarde, de pie y senta-

---

15. Salvo al *The Liberator* abolicionista, de Garrison, y al *The Commonwealth*, también antiesclavista, la demás prensa honorable americana la consideraba poco menos que panfletos despreciables. El «compromiso» de la prensa también en todo este asunto es muy de destacar.

dos, en coche o caminando. Es una Biblia que todo hombre lleva en el bolsillo, que está sobre todas las mesas y los mostradores, y que el correo y miles de agentes de publicidad están continuamente distribuyendo. Ése es, en definitiva, el único libro que ha publicado América y que América lee. Así de amplia es su influencia. El editor es un predicador al que mantenéis voluntariamente. Vuestra contribución es normalmente de un céntimo al día y alquilar un banco en su iglesia no cuesta nada. ¿Pero cuántos de estos predicadores predican la verdad? Me hago eco del testimonio de muchos extranjeros inteligentes y también de mis propias convicciones, cuando digo que probablemente ningún país se gobernó jamás por una clase tan mezquina de tiranos, con unas pocas excepciones, como los directores de la prensa periódica de «este» país. Y como viven y mandan sólo por servilismo, y apelando a la peor y no a la mejor naturaleza del hombre, la gente que los lee se iguala al perro que vuelve a su vómito.

El *Liberator* y el *Commonwealth* fueron, según mis noticias, los únicos periódicos de Boston que hicieron oír su condena por la cobardía y la vileza puestas de manifiesto por las autoridades de esa ciudad en 1851. Los otros periódicos, casi sin excepción, al referirse y hablar de la Ley de Esclavos Fugitivos y de la entrega del esclavo Sims, menospreciaron el sentido común del país. Y, por lo general, hicieron tal cosa porque de ese modo confiaban procurarse la aprobación de sus patronos, olvidando que un sentimiento mucho más sólido prevalecía en alguna medida en el corazón de la Commonwealth. Me han dicho que algunos han mejorado recientemente, pero todavía son eminentemente contemporizadores. Ésa es la reputación que han adquirido.

Pero, por suerte, este predicador es más vulnerable al ataque del reformista que el sacerdote cobarde. Los hombres libres de Nueva Inglaterra sólo tienen que abstenerse de comprar y leer estas hojas, sólo tienen que guardar sus céntimos para acabar rápidamente con una veintena de ellas. Una persona a la que aprecio me dijo que había comprado el *Citizen* de Mitchell en el tranvía y luego lo había tirado por la ventana. ¿Pero no habría expresado su desprecio con más firmeza si no lo hubiera comprado?

¿Son americanos?, ¿son de Nueva Inglaterra?, ¿son habitantes de Lexington y Concord y Framingham los que leen y mantienen al *Post, Mail, Journal, Advertiser, Courier* y *Times* de Boston? ¿Son ésas las banderas de nuestra Unión? No soy lector habitual de periódicos y puede que haya omitido el nombre del peor.

¿Conlleva la esclavitud mayor servilismo del que exhiben algunos de estos periódicos? ¿Queda alguna basura que no hayan lamido ellos con su conducta ensuciándola aún más con su propia baba? No sé si existe todavía el *Herald* de Boston, pero recuerdo haberlo visto por las calles cuando Sims fue atrapado. ¿No representó bien su papel, no sirvió a su dueño con total fidelidad? ¿Cómo pudo doblegarse hasta ese extremo? ¿Cómo puede un hombre inclinarse hasta más abajo del suelo, poner sus extremidades a la altura de la cabeza, o convertir su cabeza en la extremidad inferior? Cuando cogí este papel con mis puños arremangados, oí el gluglú de la cloaca discurrir por cada columna. Sentí que tenía en las manos un papel sacado de la alcantarilla pública, una hoja del evangelio de la casa de juego, de la taberna y del burdel, armonizando con el evangelio de la Bolsa de los Comerciantes.

La mayoría de los habitantes del norte y del sur, este y oeste, no son hombres de principios. Si votan, no envían hombres al Congreso con el fin de que sean humanitarios, sino que mientras que sus hermanos y hermanas son azotados y colgados por amar la libertad –y aquí debería aludir a lo que es e implica la libertad– lo que a ellos les preocupa es la mala administración de la madera, el hierro, la piedra y el oro. Haz lo que quieras, oh gobierno, con mi esposa e hijos, mi madre y hermano, mi padre y hermana, yo obedeceré tus órdenes al pie de la letra. Sin duda me dolerá que los lastimes, que los entregues a capataces que los persigan con sabuesos o los azoten hasta la muerte, pero, de todos modos, yo seguiré pacíficamente mi destino en esta hermosa tierra, hasta que tal vez un día, cuando me haya puesto de luto por sus muertes, logre persuadirte de que te moderes. Ésta es la actitud, éstas son las palabras de Massachusetts.

Antes de tomar semejante actitud no es necesario que os diga que yo tocaría algún resorte, accionaría algún sistema para hacerlo explotar; pero como en el fondo amo la vida, me alinearía con la luz y dejaría

La esclavitud en Massachusetts

que la oscura tierra retumbara bajo mis pies, y llamaría a mi madre y a mi hermano para que me siguieran.

Quisiera recordarles a mis compatriotas que ante todo deben ser hombres, y americanos después, cuando así convenga[16]. No importa lo valiosa que sea la ley para proteger las propiedades e incluso para mantener unidos el cuerpo y el alma, si no nos mantiene unidos a toda la humanidad.

Siento decir que dudo mucho que haya un juez en Massachusetts dispuesto a renunciar a su cargo y a ganarse la vida con honradez cada vez que se le pide que dicte sentencia siguiendo una ley contraria a la ley de Dios. Es obvio que en este caso se ponen a la altura del soldado que descarga el mosquetón en cualquier dirección que se le ordena. Son herramientas en la misma medida y están a la misma mezquina altura. En realidad no son más dignos de respeto porque sus amos esclavicen sus mentes y sus conciencias en vez de sus cuerpos.

Los jueces y los abogados –dentro de sus funciones, quiero decir– y todos los hombres con responsabilidad tratan este caso de un modo muy burdo e incompetente. No consideran si la Ley de Esclavos Fugitivos es justa, sino únicamente si es lo que ellos llaman «constitucional». ¿Es la virtud constitucional o lo es el vicio?, ¿es constitucional la justicia o la in-

---

16. Resulta muy lúcida la distinción de Thoreau entre «patrioterismo» y «humanidad», y cuál de esos criterios debe prevalecer cuando entren en conflicto.

justicia? En cuestiones morales y vitales tan importantes como ésta, es igual de impertinente preguntar
si una ley es constitucional o no, que preguntar si es
o no beneficiosa. Siguen siendo los servidores de los
peores hombres y no los servidores de la humanidad.
La cuestión es, no si tú o tu abuelo, hace setenta
años, llegasteis o no al acuerdo de servir al diablo, y
si ese servicio en cuestión ha finalizado ahora; lo que
importa es si vas a servir a Dios de una vez por todas
–a pesar de tu propio pasado desleal o el de tus antecesores– obedeciendo a esa eterna y sólo ella justa
CONSTITUCIÓN, que Él, y no Jefferson o Adams,
ha escrito en tu corazón.

La consecuencia de todo esto es que si la mayoría
vota al diablo para ser Dios, la minoría vivirá y se comportará de acuerdo con ello y obedecerá al candidato
vencedor, confiando que un día u otro, tal vez por medio del voto de un parlamentario, puedan reinstaurar
a Dios. Éste es el más alto principio que puedo desear
o imaginar para mis vecinos. Estos hombres actúan
como si creyeran que se pueden deslizar colina abajo
y volver luego a deslizarse colina arriba. Esto es lo
conveniente, elegir el camino que ofrece menos resistencia a las piernas, es decir, la cuesta abajo. Pero no
sucede así cuando se trata de conseguir una reforma
justa: lo «cómodo» no está a nuestro alcance. No hay
posibilidad de deslizarse colina arriba. En moral los
únicos deslizamientos son hacia abajo.

De este modo estamos continuamente adorando a
falsos ídolos, tanto a la escuela y al Estado como a la

Iglesia, y el séptimo día maldecimos a Dios de un extremo a otro de la Unión[17].

¿Nunca aprenderán los hombres que la política no es la honradez, y que jamás dictamina como justo lo moral sino que simplemente se guía por lo que es útil? La política elige al candidato presentado, que invariablemente es el diablo, y ¿qué derecho tienen sus electores de sorprenderse porque el diablo no se comporte como un ángel de la luz? Lo que se necesita son hombres, no políticos, hombres íntegros que reconozcan que existe una ley superior a la Constitución o a la decisión de la mayoría[18]. El destino de un país no depende de cómo se vote en las elecciones, el peor hombre vale tanto como el mejor en este juego; no depende de la papeleta que introduzcas en las urnas una vez al año, sino del hombre que echas de tu cuarto a la calle cada mañana.

Lo que debería preocupar a Massachusetts no es la Ley de Nebraska o la Ley de Esclavos Fugitivos, sino su propia esclavitud y servilismo. Que este Estado disuelva su unión con el dueño de esclavos. Puede que Massachusetts se inquiete y dude, y pida permiso para leer la Constitución una vez más, pero no puede

17. Otra muestra significativa de la «crítica de la religión», o de cierta religiosidad, que lleva a cabo Thoreau, cuando ésta queda manipulada y desvirtuada por intereses ajenos, en definitiva, a ella misma. Thoreau podría suscribir la famosa sentencia de la famosa novela: «No hay idea más útil para los tiranos que la de Dios».

18. De nuevo reivindica Thoreau la intangibilidad de la propia conciencia frente a cualquier tipo de ley, por muy constitucional que sea o por muy refrendada por la mayoría que se alegue.

encontrar una ley respetable o un precedente que apoye la continuidad de esa unión en estas circunstancias.

Que cada habitante del Estado disuelva su unión con él mientras retrase el cumplimiento de su deber.

Los sucesos del mes pasado me enseñaron a desconfiar de la fama. No discrimina con delicadeza sino que lanza hurras con grosería. No tiene en cuenta el simple heroísmo de una acción más que en la medida en que va conectado con su beneficio evidente.

¡Alaba hasta la ronquera la fácil proeza de la «Boston tea party»[19], pero en cambio calla el ataque heroico, valiente y desinteresado al Palacio de Justicia de Boston, sólo porque resultó fallido!

Rodeado de desgracias, el Estado se ha sentado fríamente a enjuiciar las vidas y las libertades de los hombres que intentaron cumplir con la obligación que le correspondería a él. ¡Y a esto lo llaman «justicia»! Aquellos que han demostrado que pueden comportarse excepcionalmente, tal vez sean puestos entre rejas por «su buena conducta». Aquellos que en honor a la verdad son ahora culpables, serán inocentes de entre todos los demás habitantes del Estado. Mientras

---

19. El 16 de diciembre de 1773, en Boston, un grupo de hombres, disfrazados de indios y al mando de un tal Sam Adams, tiraron al agua el cargamento de té que había en los buques allí anclados. Este signo de protesta contra la política comercial de Inglaterra con respecto a las colonias americanas, más o menos una pequeña mascarada, tuvo luego repercusiones importantes como detonante. Y se mitificó la acción, para gloria de manuales de historia americana, y para beneficiosa ilustración patriótica de escolares inocentes.

que el gobernador y el alcalde e incontables oficiales de la Commonwealth están en libertad, los campeones de la libertad están encarcelados.

Sólo están libres de culpa los que cometen el delito de desacato a semejante tribunal. A todo hombre le corresponde asegurarse de que su influencia está puesta a favor de la justicia y dejar que los tribunales realicen sus propios juicios. Mis simpatías en este caso están absolutamente de parte del acusado, y absolutamente en contra de sus acusadores y jueces. La justicia es dulce y musical, mientras que la injusticia es áspera y discordante. El juez sigue sentado a su organillo dando a la manivela pero no se oye música, sólo oímos el ruido de la manivela. Él cree que toda la música reside en la manivela, y la muchedumbre le tira monedas igual que siempre[20].

¿Creéis que ese Massachusetts que está cometiendo semejantes atrocidades, que duda en ensalzar a estos hombres, cuyos abogados e incluso jueces tal vez se verán obligados a refugiarse en algún pobre subterfugio para que no sufra un instintivo sentido de la justicia, es otra cosa que un infame y un servil?, ¿o acaso creéis que es el campeón de la libertad?

Mostradme un Estado libre y un auténtico tribunal de justicia y lucharé por ellos si es necesario; pero si

20. No se puede por menos de recordar, al leer esta comparación, un pasaje de la vida de Thoreau, casi al final de sus días, casi moribundo ya. Lo relata Channing en *Thoreau: The poetnaturalist* (8, 323). Oyó pasar por la calle a un organillero, se le saltaron las lágrimas, y les pidió a sus acompañantes que le echaran unas monedas por la ventana.

me mostráis a Massachusetts, le negaré mi lealtad y le manifestaré mi desprecio por sus tribunales.

La meta de un buen gobierno es darle más valor a la vida; el de un mal gobierno, restarle valor. Podemos permitirnos que el ferrocarril y todos los bienes materiales pierdan algo de su valor, porque eso sólo nos obligaría a vivir con mayor sobriedad y economía, pero ¡supongo que el valor de la propia vida se devaluara! ¿Cómo vamos a exigir menos del hombre y de la naturaleza, cómo vivir con mayor economía de virtud y de todas las cualidades honrosas? He vivido este mes último –y creo que todo hombre de Massachusetts capaz de sentir patriotismo debe haber tenido una experiencia similar– con la impresión de haber sufrido una gran pérdida. Al principio no sabía qué era lo que me afligía. Por fin me di cuenta de que había perdido mi patria[21]. Nunca había respetado a mi gobierno, pero había pensado estúpidamente que podría vivir aquí dedicado a mis asuntos privados y olvidarme de él. Por mi parte, mis viejos y preciados propósitos han perdido no sé cuánto atractivo, y siento que mi inversión de vida aquí vale un buen tanto por ciento menos desde que Massachusetts entregó deliberadamente a un hombre inocente, Anthony Burns, a la esclavitud. Antes vivía con la ilusión de que mi vida transcurría en algún sitio «entre» el cielo y el infierno, pero ahora no puedo convencerme de que no vivo «completamente dentro» del infierno. El espacio

---

21. El «patriotismo» de Thoreau queda de nuevo matizado en este pasaje.

ocupado por esta organización política llamada Massachusetts está, por lo que se refiere a la moral cubierta de escoria volcánica y ceniza, tal y como describe Milton las regiones del infierno. Si existe algún infierno más falto de principios que nuestros gobernantes y nosotros los gobernados, siento curiosidad por verlo. Al perder valor la vida, todo con ella, todo lo que contribuye a vivir, pierde valor. Suponed que tenéis una pequeña biblioteca con cuadros adornando las paredes y un jardín alrededor y os entregáis a empresas científicas y literarias, y descubrís de repente que vuestra casa con todos sus enseres está enclavada en el infierno, y que el juez de paz tiene pezuñas y una cola bífida, ¿no es cierto que todas esas cosas perderán de repente valor a vuestros ojos?

Tengo la sensación de que de algún modo el Estado ha interferido negativamente en mis legítimos asuntos. No sólo ha interrumpido mi paso por Court Street al ir de compras, sino que me ha interrumpido a mí y a todos los hombres en nuestro camino recto y ascendente cuando confiábamos dejar atrás Court Street muy pronto. ¿Qué derecho tiene a recordarme Court Street? He encontrado hueco lo que incluso yo creía que era tierra firme.

Me sorprende ver que hay hombres que continúan con sus asuntos como si nada hubiera pasado. Yo me digo: «¡Desgraciados!, no han recibido la noticia». Me sorprende que el hombre que acabo de encontrar a caballo tuviera tanta prisa por recuperar a sus vacas recién compradas que se le habían escapado, ya que toda propiedad carece de seguridad, y si no vuelven a escaparse, tal vez se las roben. ¡Necio! ¿No sabe que la semilla del maíz ha perdido valor este año, que toda cosecha con beneficios fracasa al aproximarse el imperio del infierno? Ningún hombre prudente construiría una casa de piedra en estas condiciones, ni se embarcaría en una empresa científica que requiriera mucho tiempo. El arte dura eternamente, pero la vida es más breve[22] y menos adaptable a los intereses propios del hombre. No es ésta una época de tranquilidad. Hemos agotado toda la libertad que heredamos. Si queremos salvar nuestras vidas, debemos luchar por ellas.

Voy caminando hacia uno de nuestros estanques; pero ¿qué significado tiene la belleza de la naturaleza cuando los hombres son malvados? Nos aproximamos a los lagos para ver nuestra serenidad reflejada en ellos; cuando no tenemos serenidad, no vamos allí. ¿Quién puede estar sereno en un país cuando ambos, gobernantes y gobernados, carecen de principios? Al pensar en mi país se me estropea el paseo. En mis pensamientos asesino al Estado e involuntariamente tramo complots contra él.

Pero el otro día acerté a oler un nenúfar y me di cuenta de que la estación que ansiaba acababa de llegar. Él es el emblema de la pureza. Brota tan blanco y

---

22. Alusión al «*ars longa, vita brevis*» de Hipócrates. La frase la tradujo ya Chaucer como «la vida es corta, el arte necesario para aprender a vivirla es largo». Frecuentemente repetida en multitud de ocasiones, una de ellas, sin irnos muy lejos, Antonio Machado en CXXXVII, iv.

La esclavitud en Massachusetts

hermoso a la vista y tiene tan buen aroma, que parece simbolizar la pureza y la dulzura y, sin embargo, nace del légamo y del estiércol de la tierra. Arranqué el primero que había brotado en una milla. ¡En la fragancia de esta flor se confirman nuestros deseos! No voy a rendirme tan rápidamente ante el mundo, opondré resistencia a la esclavitud, a la cobardía y a la falta de principios de los hombres del Norte. Ella nos sugiere cuáles son las leyes que han prevalecido más tiempo y en más países y aún prevalecen, de tal modo que llegará el tiempo en que los actos del hombre despedirán la misma fragancia. Así es el olor de esta planta. Si la naturaleza aún puede crear esa fragancia cada año, yo creo que todavía es joven y está llena de vigor, que su integridad y su fuerza creadora no tienen par y que hay virtud incluso en el hombre, porque es capaz de percibirla y amarla. Esto me recuerda que la Naturaleza no se ha asociado al Acuerdo de Missouri. No hay olor a acuerdo en la fragancia del nenúfar. No es un *Nymphoea Douglassii*[23]. En él, lo dulce, puro e inocente están absolutamente separados de lo obsceno y lo vil. No hay en él olor a la contemporizadora irresolución del gobernador de Massachusetts o la del alcalde de Boston. Así sucede que el olor de vuestros actos puede realzar la frescura general del ambiente, que cuando contemplamos u olemos una flor, podemos no

---

23. Alusión, despectiva naturalmente, al senador Stephen A. Douglas, de Illinois, ya mencionado en la nota 4. Político de extraordinaria notoriedad que unos años más tarde iba a perder la nominación de su partido para la presidencia de los Estados Unidos a manos de Abraham Lincoln.

darnos cuenta de lo inconsistente de nuestros actos en relación con ella, porque todos los olores no son sino una forma de anunciar una cualidad moral, y si no se hubieran realizado buenas acciones, el nenúfar no olería tan bien. El fétido légamo representa la pereza y el vicio del hombre, la decadencia de la humanidad; la fragante flor que crece de él representa la pureza y la valentía, que son inmortales.

La esclavitud y el servilismo no han dado lugar cada año a flores de suave fragancia para hechizar los sentidos de los hombres, porque no tienen una vida real; son tan sólo decadencia y muerte, ofensivos para todos los olfatos sanos. No nos quejamos de que «existan» sino de que no los entierren; incluso ellos son buenos como abono.

Apología del capitán John Brown[1]

Confío en que me perdonen por estar aquí. Preferiría no tener que forzarles a oír mis ideas, pero creo que no tengo más remedio. A pesar de lo poco que sé del capitán Brown, quisiera intervenir con el fin de corregir el tono y las afirmaciones de los periódicos y de mis compatriotas, en general, con respecto a su carácter y a sus acciones. No nos cuesta nada ser justos. Al menos podemos expresar nuestra simpatía y admiración por él y sus compañeros, y eso es lo que me propongo hacer.

Me referiré primero a su historia. Procuraré omitir, dentro de lo posible, lo que ustedes ya han leído. No es preciso que les describa su físico, ya que la mayoría de ustedes probablemente lo han visto y no lo olvida-

---

1. Discurso pronunciado por primera vez en Concord, el 30 de octubre de 1859. El ataque al arsenal de Harper's Ferry había tenido lugar el día 16 de ese mismo mes.

rán en mucho tiempo. He sabido que su abuelo, John Brown, era un oficial de la Revolución, que él nació en Connecticut a principios de siglo[2] y que de muy joven se trasladó con su padre a Ohio. Le oí decir que su padre era un contratista que suministraba carne al ejército en la Guerra de 1812[3], que le acompañaba al campamento y le ayudaba en su trabajo, lo cual le enseñó mucho de la vida militar –tal vez mucho más que si hubiera sido soldado, porque siempre estaba presente en las reuniones de los oficiales–. Su experiencia le enseñó sobre todo cómo se abastece y mantiene a los ejércitos en el campo de batalla, un trabajo que, según su opinión, requiere tanta experiencia y destreza como la propia estrategia de la lucha. Decía que son muy pocas las personas que tienen conciencia del coste, incluso del coste pecuniario, que supone lanzar un solo cañonazo en la guerra. De este modo, vio lo suficiente como para hacerle rechazar la vida militar e incluso le incitó a aborrecerla hasta tal punto que, aunque le tentó una oferta de un pequeño empleo en el ejército, cuando tenía dieciocho años, no sólo lo rechazó sino que se negó a hacer el servicio militar cuando le llamaron a filas, y le multaron por ello. Entonces decidió que nunca tendría nada que ver con

2. Nació John Brown en Torrington, Connecticut, en 1800.
3. Declarada por el Congreso el día 18 de junio de 1812, contra Inglaterra, por razones básicamente comerciales. Terminó con la Paz de Gante el 24 de diciembre de 1814. Con todo, la denominada batalla de Nueva Orleans tuvo lugar el 8 de enero de 1815; de ahí salió convertido en héroe Andrew Jackson.

una guerra, a no ser que fuera una guerra en favor de la libertad.

Cuando empezaron las revueltas de Kansas[4], envió allí a varios de sus hijos para apoyar al partido de los *Free State men,* equipados con las armas que pudo conseguir, y les dijo que si los enfrentamientos se incrementaban y le necesitaban, se uniría a ellos para socorrerlos con sus manos y sus consejos. Así lo hizo, como ya sabéis, y fue su contribución más que la de ningún otro la que llevó la libertad a Kansas.

Durante una época de su vida fue agrimensor y luego estuvo algún tiempo dedicado al comercio de lana y viajó a Europa como agente de este negocio. Allí, como en todas partes, se mantuvo alerta e hizo observaciones muy originales sobre todo lo que vio. Decía, por ejemplo, que había visto por qué la tierra era tan fértil en Inglaterra y en Alemania (creo recordar) tan pobre, y pensó en escribir a algunos miembros de la realeza al respecto. La razón era que en Inglaterra los campesinos vivían en las tierras que trabajaban, mientras que en Alemania se los recogía de noche por distintos pueblos. Es una pena que no haya escrito un libro con sus observaciones.

Debo decir que fue un hombre anticuado debido a su absoluto respeto a la Constitución y a su fe en la estabilidad de esta Unión. Consideró la esclavitud como

---

4. Como consecuencia de la Ley de Kansas-Nebraska de 1854, que permitía la esclavitud en aquellos territorios si la mayoría de los habitantes así lo decidían, en contra de lo acordado en el Compromiso de Missouri de 1820.

algo totalmente opuesto a ambas, y fue siempre su enemigo[5].

Fue un campesino de Nueva Inglaterra por nacimiento y ascendencia, hombre de gran sentido común, decidido y práctico como los de su clase pero con esas cualidades multiplicadas por diez. Fue como el mejor de los que se reunieron en Concord Bridge, en Lexington Common y en Bunker Hill[6], pero más firme y de principios más elevados que los de cualquier otro que hubiera estado allí. No le convirtió ningún predicador de la abolición. Ethan Allen y Stark[7], con quienes se le compara en ciertos aspectos, fueron luchadores en un campo mucho menos importante. Ellos podían enfrentarse con valor a los enemigos de la patria, pero él tuvo el valor de enfrentarse a su propia patria cuando actuaba erróneamente. Un escritor del Oeste dice, al contar su huida de tantos peligros, que se ocultaba bajo un «traje de campesino», como si en esas tierras de llanuras lo apropiado fuera que un héroe se vistiera con un traje de ciudad.

No se educó en una Universidad llamada Harvard, buena y antigua *alma mater* como es. No se aumentó de la papilla que allí se elabora[8]. Como él solía decir:

---

5. Como se ve, reaparecen los dos viejos temas en litigio siempre, el de la integridad de la Unión por una parte y el de la intangibilidad de la Constitución por otra.
6. Gestas bélicas de la Guerra de la Independencia o Revolución americana.
7. Allen se distinguió en Ticonderoga y Stark en Bunker Hill.
8. Es conocida la poca simpatía que Thoreau le mantuvo siempre a Harvard, no por haberse educado allí, sino quizá precisamente por ello. Esta actitud se la solía reprochar, como es lógico, el maestro Emerson.

Apología del capitán John Brown

«No sé más gramática que uno de vuestros terneros». Se educó en la gran Universidad del Oeste, donde asiduamente acometió el estudio de la Libertad, por la cual había mostrado una temprana afición. Y, tras obtener diversos diplomas, finalmente comenzó su actividad pública de Humanidades en Kansas, como todos sabéis. Ésas eran sus «humanidades» y no el estudio de la gramática. Habría colocado un acento del griego al revés pero ayudado a levantarse al hombre caído[9].

Pertenecía a ese grupo del que se dicen muchas cosas, pero del que la mayoría de las veces no sabemos nada en absoluto: los puritanos[10]. Matarle sería inútil. Murió al final de la época de Cromwell, pero reapareció aquí. ¿Por qué no? Se dice que algunos puritanos han venido aquí y se han establecido en Nueva Inglaterra. Era un grupo que hacía algo más que celebrar el día de la llegada a Plymouth de sus antepasados y comer maíz tostado en recuerdo de esa fecha. No eran ni demócratas ni republicanos sino tan sólo hombres de costumbres sencillas, rectos y devotos; no confiaban en los gobernantes que no temían a

---

9. Contraposición más que significativa, no sólo aplicada a John Brown sino por lo que al propio Thoreau se refería.
10. No deja de tener sentido el recuerdo al puritanismo en este contexto, e inmediatamente después su alusión a Cromwell. Ya por entonces comenzaba a extenderse por Estados Unidos una aversión al puritanismo, cuyo significado más profundo no se ha empezado a reconocer y rescatar sino en épocas muy recientes. También en esto Thoreau sabe detectar, con antelación, aquellos valores, con todos los aspectos negativos que se quiera.

Dios, no hacían demasiadas concesiones y no se dedicaban a la política[11].

«En su campamento», como alguien ha escrito recientemente, y como yo mismo le he oído afirmar,

> no permitía la blasfemia, no toleraba la presencia de hombres de moral dudosa, a no ser, por supuesto, como prisioneros de guerra. «Preferiría –dijo– tener la viruela, la fiebre amarilla y el cólera todos a la vez en mi campamento, antes que un hombre sin principios... Es un error el que cometen los nuestros cuando creen que los matones son los mejores combatientes o que son los adecuados para enfrentarse a los del Sur. Dadme hombres de principios, hombres temerosos de Dios, orgullosos de sí mismos y con una docena me enfrentaré a otros cien de esos rufianes de Buford»[12].

Dijo también que si se le presentaba un soldado bajo su mando que alardeara de lo que haría o podría hacer en cuanto pusiera sus ojos sobre el enemigo, depositaría muy poca confianza en él.

Jamás pudo conseguir más de veinte reclutas que tuvieran su aprobación y sólo una docena, entre ellos sus hijos, contaban con su plena confianza. Cuando estu-

---

11. Sí se dedicaron a la política. Naturalmente, Thoreau juega con el concepto: política y políticos en su momento fueron términos, para Thoreau, sinónimos de oportunismo, corrupción, abuso de poder y exhibicionismo papanatas. La paradoja de la frase de Thoreau queda clara.
12. En mayo de 1856, un tal Jefferson Buford asoló Kansas con una pandilla de facinerosos favorables a la esclavitud.

vo aquí hace varios años, mostró a unos cuantos un pequeño libro manuscrito –su «libro de ordenanzas» creo que le llamaba– donde figuraban los nombres de los miembros de su compañía en Kansas y las normas a las que se sometían todos, y añadió que varios de ellos incluso las habían sellado con su sangre. Cuando alguien le señaló que con la incorporación de un capellán se convertiría en una tropa perfectamente cromwelliana[13], contestó que le hubiera gustado contar con un capellán en la lista si hubiera encontrado uno que fuera capaz de cumplir su misión satisfactoriamente. Es muy fácil hallar uno que sirva en el ejército de los Estados Unidos. De todos modos, en su campamento tenían oraciones de mañana y tarde, según creo.

Fue un hombre de costumbres espartanas, y a los sesenta años era muy escrupuloso con su dieta incluso fuera de casa, y se excusaba diciendo que debía comer frugalmente y hacer mucho ejercicio, como corresponde al soldado o a cualquiera que se prepare para empresas difíciles y lleve una vida arriesgada.

Hombre de gran sentido común y de claridad de expresión y acción, un trascendentalista ante todo, un hombre de ideas y de principios, eso era lo que más le caracterizaba. Sin rendirse al capricho del impulso fugaz sino persiguiendo toda su vida un mismo propósito. Me di cuenta de que nunca exageraba sino que ha-

---

13. Oliver Cromwell (1599-1658). Líder puritano inglés que se hizo con el poder y se convirtió en dictador entre 1653 y 1658. También éste, un poco como John Brown, fue «mitad fraile, mitad soldado». Las consecuencias de la combinación no siempre son demasiado satisfactorias.

blaba dentro de los límites de la razón. Recuerdo en especial cómo en el discurso que pronunció aquí se refirió a lo mucho que su familia había sufrido en Kansas, pero sin dar rienda suelta a su furia contenida. Era como un volcán con la chimenea de una casa normal. Refiriéndose a los ataques de ciertos rufianes de la frontera[14], dijo, cortando rápidamente su discurso como un soldado con experiencia que hace acopio de valor y de fuerza: «Tenían perfecto derecho a ser colgados». Nunca fue un orador retórico, no hablaba con Buncombe o con sus electores en ninguna ocasión, no necesitaba inventar nada, simplemente decía la verdad y transmitía su propia firmeza; así es como conseguía parecer incomparablemente fuerte, y la elocuencia en el Congreso o en cualquier otra parte tan sólo le hubiera restado valía.

Eran como los discursos de Cromwell al lado de los de cualquier rey.

Por lo que se refiere a su tacto y prudencia, tan sólo diré que en una época en que nadie de los Estados libres podía llegar a Kansas por un camino directo, por lo menos sin que se le despojara de sus armas, él, equipado con rifles y otras armas poco adecuadas que pudo conseguir, condujo un carro lentamente y sin ninguna protección a través de Missouri, aparentando ser un agrimensor con su teodolito bien a la vista, y así pasó

---

14. *Border Ruffians* en el original, pandillas de hombres armados que cometían las tropelías que se les antojaban, extendiendo el terror entre los antiesclavistas.

sin sospechas y tuvo la oportunidad de conocer la situación del enemigo. Continuó ejerciendo esta profesión algún tiempo después de su llegada. Por ejemplo, cuando veía un grupo de enemigos en el campo discutiendo por supuesto sobre el único tema que les obsesionaba entonces, él cogía su brújula y con uno de sus hijos procedía a trazar una línea imaginaria por el preciso lugar en que se estaba celebrando la reunión, y cuando se acercaba a ellos hacía una pausa con naturalidad y charlaba con ellos para enterarse perfectamente de las últimas noticias y de todos sus planes. Tras completar su estudio real recogía sus instrumentos y seguía con el imaginario hasta que se perdía de vista.

Cuando expresé mi sorpresa de que pudiera vivir en Kansas, donde habían puesto precio a su cabeza y tenía tantos enemigos, incluyendo a las autoridades, él lo explicaba diciendo: «Es perfectamente lógico que no me cojan». Durante varios años pasó la mayor parte del tiempo oculto en las ciénagas, sufriendo una absoluta pobreza y enfermo a causa de su vida a la intemperie, ayudado sólo por los indios y unos pocos blancos. Pero aunque se supiera que estaba escondido en una determinada ciénaga, sus enemigos no se atrevían a ir a buscarlo. Incluso podía ir a cualquier ciudad donde hubiera más *Border Ruffians* que *Free State men* y hacer algún recado sin entretenerse demasiado, y nadie le molestaba porque, como él decía: «Un simple puñado de hombres no se atrevía a acometer tal empresa y un grupo grande no se podía reunir a tiempo».

No conocemos las razones de su reciente fracaso. Evidentemente no se trató de una tentativa insensata y desesperada. Su enemigo, Mr. Vallandigham[15], se ve obligado a confesar que «fue una de las conspiraciones mejor planeadas y llevadas a cabo que jamás haya fracasado».

Pero había que mencionar sus otros muchos éxitos. ¿Acaso fue una derrota o una muestra de mala organización librar de la esclavitud a una docena de seres humanos y guiarlos a plena luz del día durante semanas, e incluso meses, a paso lento, de un Estado a otro por todo el Norte? Todos sabían por donde andaba, tenía precio puesto a su cabeza, pero así y todo entró en un juzgado y contó lo que estaba haciendo y logró convencer a Missouri de que no les beneficiaba tratar de mantener esclavos cerca de donde él viviera[16]. Y esto no sucedía porque los servidores del gobierno fueran indulgentes, sino porque le tenían miedo.

Sin embargo, él nunca atribuía sus victorias tontamente, ni a su buena suerte, ni a ninguna clase de magia. Decía, y con razón, que si tanta gente se amedrentaba ante él, era porque «carecían de una causa», una especie de escudo que nunca les faltó ni a él ni a su grupo. Llegado el momento de la verdad, muy pocos

15. Congresista demócrata por Ohio. Por esas fechas ha cristalizado ya en Estados Unidos el sistema bipartidista, aunque hay que señalar que por entonces los demócratas eran más bien conservadores, y los republicanos significaban una instancia política algo más progresista. Lincoln, por supuesto, fue republicano.
16. La acción liberadora de esclavos de John Brown, antes de Harper's Ferry, tuvo casi siempre como escenario el Estado de Missouri.

hombres se mostraban dispuestos a entregar sus vidas en defensa de algo que sabían injusto. No les gustaba que ése pudiera ser su último acto en este mundo.

Pero apresurémonos para llegar a su último golpe y sus consecuencias.

Los periódicos parecen ignorar, o tal vez realmente ignoren, el hecho de que hay al menos dos o tres personas en cada ciudad por todo el Norte que piensan lo mismo que este que os habla respecto a él y a su empresa. No vacilo en decir que son un grupo importante que va en aumento. Aspiramos a ser algo más que estúpidos o tímidos esclavos fingiendo que leemos historia y la Biblia, pero profanando cada casa y cada día en que vivimos. Tal vez los políticos ansiosos puedan probar que sólo diecisiete hombres blancos y cinco negros estaban involucrados en esta empresa última, pero su misma ansiedad por probarlo debe sugerirles que no está dicho todo. ¿Por qué siguen esquivando la verdad? Se sienten ansiosos porque son ligeramente conscientes del hecho, aunque no lo reconozcan con claridad, de que al menos un millón de los habitantes libres de los Estados Unidos se hubieran alegrado si la empresa hubiera tenido éxito. Como mucho, criticarían el método.

Aunque no llevemos un crespón, pensar en la situación en que se halla este hombre y su probable destino está amargando a muchos hombres del Norte por varias razones. Pensar de otra manera, después de haberlo visto aquí, implicaría estar hecho de una pasta que no me atrevería a calificar. Si hay alguien que pueda dormir toda la noche, yo le garantizaré que es capaz de seguir engordando en cualquier circunstancia, con tal que no le afecte ni a su piel ni a su cartera. Yo, en cambio, puse papel y lápiz bajo mi almohada, y cuando no podía dormir, escribía en la oscuridad.

En general, mi respeto por mis compañeros, excepto en un caso de entre un millón, no va en aumento estos días. Me he dado cuenta de la frialdad con que hablan de este tema la prensa y la gente en general. Parece como si se hubiera atrapado a un vulgar malhechor, aunque de «valor» fuera de lo común (como parece que dijo el gobernador de Virginia[17] usando la jerga de las peleas de gallos, «el hombre más bravo que he conocido») y estuvieran a punto de colgarlo. No era en sus enemigos en quienes pensaba cuando el gobernador lo encontraba tan valeroso. Cuando tengo que oír estas observaciones de mis vecinos o las oigo comentar, todo en mí se vuelve hiel. Al principio, cuando oímos que había muerto[18], uno de mis conciudadanos hizo la siguiente afirmación: «Murió como muere un idiota»[19], lo cual –y perdonadme– me sugirió por un instante la semejanza entre él muerto y mi vecino vivo. Otros, de espíritu cobarde, dijeron menospreciándole que «había desperdiciado su vida» por

---

17. Harper's Ferry, pueblecillo de Virginia; era por aquel entonces el gobernador del Estado Henry A. Wise, también del Partido Demócrata.
18. Efectivamente, el 18 de octubre llegó a Concord la noticia, luego desmentida, de la muerte de John Brown en combate.
19. Alusión al libro segundo de Samuel 3, 33. El lamento de David por la muerte de Abner: «¿Tenía que morir Abner como muere un insensato?

enfrentarse al gobierno. ¿De qué modo han desperdiciado ellos sus vidas? Parece como si elogiaran a un individuo que hubiese atacado él solo a una vulgar banda de ladrones y asesinos. Oigo que otro pregunta, con un estilo yanqui: «¿Qué gana con eso?»[20], como si hubiera pretendido llenarse los bolsillos con esta empresa. Tal sujeto no entiende posible que exista otro tipo de beneficio distinto del material. Si no nos conduce a una fiesta «sorpresa», si no nos proporciona un par de botas nuevas o un voto de gracias, debe considerarse un fracaso. «Pero no va a ganar nada con ello.» Pues no, supongo que no le van a dar un sueldo durante todo el año por ser ahorcado; pero de este modo tiene la oportunidad de salvar una parte considerable de su alma —«¡y qué alma!»— mientras que ellos no. No hay duda de que en vuestro mercado dan más por un litro de leche que por un litro de sangre, pero no es ése el mercado al que llevan su sangre los héroes.

Estos hombres no saben que el fruto sale según la semilla, y que en el mundo de la moral, cuando se siembra buena semilla, es inevitable un buen fruto, y no depende de nuestro riego y nuestro cultivo; del mismo modo, cuando siembras o entierras a un héroe en su patria, una cosecha de héroes surgirá sin duda. Es una semilla de tal fuerza y vitalidad que no necesita nuestro permiso para germinar.

---

20. El utilitarismo inmediato, herencia de la mentalidad de Franklin, virtud típica del yanqui, según Thoreau. Sus constantes ataques a este espíritu «adquisitivo» se han puesto de relieve en la Introducción.

La Carga de la Brigada Ligera en Balaclava[21], obedeciendo una orden estúpida, prueba que el soldado es una perfecta máquina, y ha sido celebrada, como era de esperar, por un poeta laureado[22]; pero la firme y además afortunada carga de este hombre durante varios años contra las legiones de la esclavitud, obedeciendo a un mandato infinitamente superior, es mucho más memorable que esta carga de la caballería inglesa, del mismo modo que el hombre inteligente y consciente es superior a la máquina. ¿Creéis que todo esto pasará sin ser proclamado?

«Bien merecido lo tiene.» «Es un hombre peligroso.» «Sin duda es un demente.» Por tanto, proceden a vivir sus sanas, sabias, así como admirables vidas, leyendo algo de Plutarco pero principalmente parándose ante las proezas de Putnam[23], que fue abandonado dentro de la madriguera de un lobo; y de esa sabiduría se alimentan para poder acometer hazañas valientes y patrióticas algún día. La Tract Society se pudo permitir la publicación de la historia de Putnam. Deberíais abrir las escuelas del distrito con su lectura, ya que no hay nada en ella sobre la esclavi-

---

21. La Carga de la Brigada Ligera fue un acontecimiento histórico ocurrido en 1854 durante la Guerra de Crimea. El poeta «laureado» Alfred Tennyson se encargó de «inmortalizarla».

22. Poeta «laureado» u oficial de una corte determinada, encargado expresamente de ensalzarle las glorias a la monarquía que lo mantenía. Según parece, el primero institucionalmente establecido en la corte británica fue Dryden.

23. Israel Putnam, héroe legendario también de Bunker Hill. 1718-1790. Parece que mató a una loba en su propia guarida. Figura folclórica en Massachusetts.

tud o la Iglesia, a no ser que le parezca al lector que algunos sacerdotes son lobos con piel de corderos. La Junta Americana de Delegados para las Misiones Extranjeras podría incluso atreverse a protestar contra «ese» lobo. He oído hablar de juntas y de juntas americanas, pero da la casualidad de que nunca he oído hablar de este barullo en concreto, hasta hace muy poco. Y además he sabido que hombres y mujeres y niños del Norte, familias enteras, se hacen socios de por vida de tales sociedades. ¡Socio de por vida de una tumba! ¡Imposible conseguir un funeral más barato!

Nuestros enemigos están entre nosotros, a nuestro alrededor. Difícilmente se podrá encontrar un hogar que no esté dividido, porque nuestro enemigo no es otro que la ausencia universal de sensibilidad en la cabeza y en el corazón, la falta de vitalidad en el hombre, que es la consecuencia de nuestro vicio; y de aquí surgen todos los tipos de miedo, superstición, fanatismo, persecución y esclavitud. Somos meros mascarones sobre una proa, tenemos hígados en lugar de corazones. La maldición es adorar a los ídolos, lo cual, a la postre, cambia al adorador mismo en una imagen de piedra; y no olvidemos que el hombre de Nueva Inglaterra es tan idólatra como el hindú. En cambio, este hombre fue una excepción, porque no levantó ni siquiera un ídolo político entre él y su Dios.

¡Una Iglesia que mientras exista no dejará de excomulgar a Cristo! ¡Abajo con vuestras iglesias anchas y bajas y vuestras iglesias estrechas y altas! Dad un paso adelante e inventad un nuevo estilo de retretes. Inventad una sal que os salve y proteja nuestro olfato[24].

El cristiano moderno es un hombre que ha conseguido recitar todas las plegarias de la liturgia, con tal que se le deje después ir derecho a la cama y dormir en paz. Todas sus oraciones empiezan con: «Ahora me acuesto a dormir», y siempre está esperando el momento de ir a su «descanso "eterno"». Ha consentido también, hasta cierto punto, en llevar a cabo ciertas caridades de viejo uso, pero no quiere oír hablar de ninguna de nueva instauración; no quiere tener ningún artículo suplementario añadido a su contrato, para adaptarlo a los nuevos tiempos. Muestra el blanco de sus ojos el domingo y el negro el resto de la semana. El mal no es sólo una parálisis de la sangre sino también del espíritu. Sin duda alguna, muchos de ellos tienen buena intención pero son perezosos por naturaleza y por hábito, y no pueden concebir que un hombre se mueva por motivos más elevados que los suyos. En consecuencia, declaran a este hombre demente porque saben que en toda su vida «ellos» mismos nunca podrían comportarse como él.

Soñamos con países extraños, con otras épocas y otras razas, situándolos en el tiempo y en el espacio; pero deja que nos ocurra algún suceso importante como el presente y descubriremos la distancia y el

---

24. Mateo 5, 13: «Vosotros sois la sal de la tierra. Y si la sal se pone sosa, ¿con qué se salará?».

desconocimiento que media entre nosotros y nuestros vecinos más próximos. «Ellos» son nuestras Austrias, nuestras Chinas y nuestras Islas del Mar del Sur. Nuestra sociedad amontonada abre espacios de repente, es limpia y hermosa a la vista; una ciudad de grandes distancias. Ésa es la razón por la que hasta ahora nunca habíamos pasado de los cumplidos y de un trato superficial con los demás. De pronto nos hacemos conscientes de que hay tantos kilómetros entre ellos y nosotros como entre un tártaro vagabundo y una ciudad china. El hombre reflexivo se convierte en un ermitaño en medio del bullicio del mercado. Mares impracticables se interponen de repente entre nosotros o mudas estepas se extienden ante nosotros. Es la diferencia de manera de ser, de inteligencia y de fe, y no los arroyos y las montañas los que originan auténticos e intransitables límites entre los individuos y entre los Estados. Únicamente los que piensan igual que nosotros pueden acudir con pleno derecho a nuestra corte.

He leído todos los periódicos que pude conseguir la semana siguiente a este suceso, y no recuerdo que hubiera entre ellos una sola expresión de simpatía hacia este hombre. Desde entonces he leído una sola afirmación sensata, y era en un periódico de Boston y no en el editorial. Algunos periódicos de gran extensión decidieron que no se imprimiría el informe completo de las palabras de Brown, para no excluir otros temas. Fue como si el editor hubiera rechazado el manuscrito del Nuevo Testamento para publicar el último discurso de Wilson[25]. El mismo periódico que incluía esta noticia tan valiosa se dedicaba esencialmente, en columnas paralelas, a los informes de las convenciones políticas que se estaban celebrando. La comparación producía vértigo. Debieron haber evitado el contraste y haberlo publicado como un extra, al menos. ¡Pasar de las palabras y los hechos de hombres serios al «cacareo» de las convenciones políticas! ¡Candidatos a puestos públicos y habituales del discurso que carecen de toda honestidad y además de ser un fraude se permiten presumir! Su gran juego es el juego de las pajas, o mejor ese juego aborigen universal de los dados con el cual los indios exclamaban *hub, hub*[26]. Excluid los informes de las convenciones políticas o religiosas y publicad las palabras de un hombre vivo.

Pero no me opongo tanto a lo que han omitido como a lo que han publicado. Incluso el *Liberator*[27] lo calificó de «un esfuerzo equivocado, salvaje y aparentemente loco». Por lo que respecta a la caterva de periódicos y revistas, da la casualidad que no conozco a ningún director en todo el país que publique deliberadamente algo que sabe que, a la larga, le disminuirá

25. Henry Wilson, senador republicano por Massachusetts.
26. «Los primeros colonos de Nueva Inglaterra aplicaron el término de origen celta *hubbub* a una especie de juego de dados que los indios practicaban, utilizando huesos, en una bandeja o fuente» (Norton). Jugar a la taba.
27. *The Liberator,* semanario extremadamente abolicionista, fundado por William Lloyd Garrison. Su primer número apareció el 1 de enero de 1831.

permanentemente el número de suscriptores. No lo consideran ventajoso. ¿Cómo van a publicar la verdad? Si no les decimos las cosas que les agradan –argumentan–, nadie nos hará caso. Por tanto, hacen lo que algunos vendedores ambulantes que cantan canciones obscenas para hacerse con la muchedumbre en torno suyo. Los redactores republicanos, obligados a tener terminadas sus columnas para la edición de la mañana y acostumbrados a verlo todo bajo el prisma de la política, no muestran admiración, ni siquiera un sincero pesar, sino que llaman a estos hombres «fanáticos capciosos», «hombres equivocados», «dementes» o «locos». Esto nos sugiere qué clase de cuerdos redactores nos protege, no son «hombres equivocados», saben muy bien al menos de qué lado se les unta el pan.

Un hombre realiza un acto valiente y humano, y de repente, por todas partes oímos gente y partidos que declaran: «Yo no lo hice, y de ningún modo lo animé a él a hacerlo. No es justo que se deduzca tal cosa de mi trayectoria»; por lo que a mí respecta, no tengo interés en oírles definir su posición. No creo haberlo tenido antes ni creo que lo tendré nunca. En mi opinión, esto no es más que puro egoísmo o impertinencia en estos momentos. No necesitáis tomaros tantas molestias en lavaros las manos respecto a él. Ningún ser inteligente creerá nunca que él tuviera algo que ver con vosotros. Él mismo dijo que siempre hizo y deshizo «bajo los auspicios de John Brown y de nadie más». El Partido Republicano[28] no se da cuenta del número de personas que debido a este «fallo» tratarán de acertar mejor en su voto en el futuro. Han captado los votos de Pennsylvania & Co., pero no han conseguido el voto del capitán Brown. Les ha arrebatado el viento de las velas –el poco viento que tenían– y ahora se han quedado estancados y reparan sus averías.

¡Y qué si no se suma a nuestra banda! ¡Aunque no aprobéis su método o sus principios, reconoced su magnanimidad! ¿No aceptaréis vuestra afinidad con él en este tema aunque no se asemeje a vosotros en ninguna otra cosa? ¿Acaso teméis perder vuestra reputación? Lo que perdisteis por el espiche lo ganaréis por la piquera.

Si no están de acuerdo con todo esto, entonces no dicen la verdad y no dicen lo que piensan. Simplemente continúan con sus viejos trucos.

«Siempre se admitió que era –dice uno que le llama loco– un hombre consciente, muy modesto en su conducta, aparentemente inofensivo hasta que surgió el tema de la esclavitud, momento en que exhibió una incomparable capacidad de indignación.»

La esclavitud está de camino cargada de víctimas moribundas; se suman nuevos barcos desde el océano;

---

28. El Partido Republicano surgió casi espontáneamente en 1854, como consecuencia del escándalo producido por la Ley de Kansas-Nebraska. Recogió a lo más consciente de los antiguos whigs, se declaró antiesclavista sin ambages y apeló a los intereses del pequeño granjero y los modestos comerciantes y empresarios, al mismo tiempo que glorificaba el *free labor* o trabajo libre. Pretendían que sus puntos de vista prevalecieran a la larga en el Oeste, frente a la mentalidad sureña.

una pequeña tripulación de traficantes de esclavos, tolerados por una gran masa de pasajeros, están sofocando a cuatro millones de esclavos bajo la escotilla, y todavía aseguran los políticos[29] que el único medio de obtener la liberación es a través de la «pacífica difusión de sentimientos humanitarios» sin ningún «tumulto». Como si los sentimientos de humanidad se hallaran alguna vez sin la compañía de los hechos, y vosotros pudierais dispersarlos, acabar con el orden tan fácilmente como esparcir agua con una regadera, para asentar el polvo. ¿Qué es lo que oigo arrojar por la borda? Los cuerpos de los muertos que han logrado su liberación. Éste es el modo de «difundir» humanidad, y con ella sus sentimientos.

Directores de prensa eminentes e influyentes, acostumbrados a tratar con políticos, hombres de un nivel infinitamente más bajo, dicen, en su ignorancia, que actuó «dejándose llevar por el sentimiento de venganza». Desde luego, no conocen a este hombre. Deben crecer ellos mismos antes de empezar a imaginar cómo es él. No dudo que llegará el día en que conseguirían

---

29. Como muestra hasta la saciedad la novelilla de Gore Vidal, *Lincoln,* el mítico Abe de Illinois no fue un radical en modo alguno con respecto al tema de la esclavitud. Sí lo fue en su empeño decidido a mantener la Unión. Y aunque en definitiva fue él quien proclamó el Acta de Emancipación, todavía durante la guerra, no hay que olvidar que el 22 de julio de 1861 aún el Congreso adoptó la denominada *Crittenden Resolution,* asegurando solemnemente que el único propósito de la guerra era mantener la Unión, no interferirse para nada en el tema de la esclavitud. La Ley de Emancipación de 1 de enero de 1863 tuvo básicamente motivos políticos, más que raciales o de mera justicia. Sólo se aplicaba a los territorios ocupados por la Confederación.

verle tal como era. Tienen que concebirle como hombre de principios religiosos y de fe, y no como a un político o a un indio[30]; como un hombre que no esperó a que le perjudicaran personalmente o le frustraran en algún pequeño interés propio, para entregar su vida en favor de los oprimidos.

Si consideramos a Walker[31] el representante del Sur, me encantaría poder decir que Brown fue el representante del Norte. Fue un hombre superior. No valoraba su existencia física tanto como sus ideales. No reconocía las leyes humanas injustas, sino que se enfrentaba a ellas siguiendo su conciencia. Por una vez nos encontramos por encima de lo trivial y rastrero de la política, en la región de la verdad y la hombría. Ningún otro hombre en América se ha levantado con tanta persistencia y eficacia en favor de la dignidad del género humano, reconociéndose a sí mismo hombre y por tanto tan válido como cualquiera de los gobiernos. En este sentido fue más americano que todos nosotros. No necesitó a ningún abogado charlatán pronunciando falsos discursos para defenderlo. Él pudo con todos los jueces elegidos por los electores americanos, y con los funcionarios y con cualquier otro sector. No le hubiera podido juzgar un tribunal de su misma clase, porque no había más personas de su clase. Cuando un hombre se enfrenta con serenidad a la condena y la venganza

---

30. En la mitología americana, el indio es el ser vengativo por excelencia, desde los primeros relatos, como el de la señora Rowlandson, o los medio folclóricos de Cooper.

31. Robert J. Walker, gobernador del territorio de Kansas.

Apología del capitán John Brown

de la humanidad, elevándose literalmente «un cuerpo entero» por encima de ellos, aunque fuera el criminal más vil que se hubiese reconciliado consigo mismo, el espectáculo es sublime. ¿No os habíais percatado vosotros *Liberators,* vosotros *Tribunes,* vosotros *Republicans?*[32]; y al compararnos con él los criminales somos nosotros. Haceos a vosotros mismos el honor de reconocerle. Él no necesita de vuestro respeto.

Por lo que se refiere a los periódicos demócratas, no son lo suficientemente humanos como para afectarme. No me indigna nada de lo que puedan decir.

Soy consciente de que me anticipo un poco, ya que por las últimas noticias, él está vivo todavía en manos de sus enemigos; pero, a pesar de ello, me he dejado llevar, al pensar y al hablar, por la idea de que estaba físicamente muerto.

No me gusta que se erijan estatuas de aquellos que aún viven en nuestros corazones y cuyos huesos aún no se han desmenuzado en la tierra cerca de nosotros, pero preferiría ver la estatua del capitán Brown en el patio del State-House de Massachusetts antes que la de cualquier otro hombre conocido. Me congratulo de vivir en estos tiempos, de ser contemporáneo suyo.

---

32. Se refiere Thoreau a tres de los periódicos más influyentes de la época, bien que por muy diversos motivos: *The Liberator,* de Boston, de William Lloyd Garrison, ya mencionado. El *New York Tribune,* dirigido por Horace Greely, amigo del propio Thoreau. La visión que de este personaje y de su periódico se ofrece en la ya mencionada novela de Gore Vidal, *Lincoln,* no deja de ser significativa. *The Republican,* publicado en Springfield, Massachusetts, era un poco el órgano oficioso de los antiesclavistas moderados. Más que moderados, medrosos.

Qué contraste cuando nos volvemos hacia ese partido político[33] que está tan ansioso de quitárselo de en medio, a él y a su conspiración, y busca por todas partes un dueño de esclavos disponible que figure como candidato, uno que al menos haga cumplir la Ley de Esclavos Fugitivos[34] y todas las demás leyes injustas contra las cuales él levantó sus armas con el fin de anularlas.

¡Demente! ¡Un padre y seis hijos y un nieto y varios otros hombres –al menos en número de doce– todos afectados de demencia al mismo tiempo; mientras que un tirano cuerdo, sujeto con más tenacidad que nunca a sus cuatro millones de esclavos, y mil directores de prensa cuerdos, sus instigadores, están salvando al país y su pan! Igual de dementes fueron sus esfuerzos en Kansas[35]. Preguntad al tirano quién es su enemigo más peligroso: ¿el hombre cuerdo o el demente? ¿Acaso los miles que le conocen bien, que se han regocijado con sus hazañas en Kansas y le han proporcionado ayuda material allí, le consideran un demente? Semejante uso de esta palabra es un simple tropo en boca de muchos que persisten en emplearlo, y no me cabe duda de que el resto ya se ha retractado de sus palabras en silencio.

¡Leed sus admirables respuestas a Mason[36] y a otros! ¡De qué modo quedan ellos ridiculizados y

---

33. Se refiere Thoreau al Partido Republicano para el que, a pesar de su declarado antiesclavismo, la acción de Brown u otras parecidas las consideraba peligrosas, inoportunas y de muy dudosa eficacia política.
34. Como ya se ha mencionado, parte del Compromiso de 1850, punto 7.
35. Véase nota 4.
36. James M. Mason, senador demócrata por Virginia.

Apología del capitán John Brown

derrotados! Por un lado, preguntas medio torpes, medio tímidas; por el otro, la verdad, clara como la luz estrellándose contra sus sienes obtusas. Están hechos para figurar junto a Pilatos y Gessler[37] y la Inquisición. ¡Qué ineficaces sus palabras y sus acciones!, ¡y qué vacíos sus silencios! No son más que herramientas inservibles a esta gran empresa. No fue ningún poder humano el que les congregó en torno a este predicador.

¿Para qué han enviado a Massachusetts y al Norte a unos cuantos «cuerdos» representantes del Congreso estos últimos años?, ¿para declarar con todas sus fuerzas cuáles son sus sentimientos? Todos sus discursos juntos y reducidos a la más simple expresión –probablemente ellos mismos lo confiesen así– no alcanzan la rectitud y la fuerza propias de hombres, y en vez de la verdad simple, hacen alusiones casuales al loco de John Brown en la sala de máquinas en Harper's Ferry, a ese hombre que estáis a punto de ahorcar, de enviar al otro mundo, aunque allí no será «vuestro» representante. No, no ha sido representante nuestro en ningún sentido. Fue una clase de hombre demasiado justo para representar a seres como nosotros. ¿Quiénes, pues, «fueron» sus electores? Si leéis sus palabras con atención, lo descubriréis. En su caso no hay elocuencia hueca ni discursos elaborados o artificiosos, no halaga al opresor. Le inspira la verdad, y la seriedad pule sus afirmacio-

---

37. De Pilatos no es menester hablar. Gessler, represor austríaco en Suiza, asesinado por Guillermo Tell durante la guerra de independencia.

nes. No le importaba perder sus rifles Sharps mientras le quedara la facultad de hablar, que es un rifle Sharps de una infinita mayor seguridad y alcance.

¡Y el *New York Herald* publica la conversación *verbatim*! Esa publicación ignora que se ha convertido en vehículo de unas palabras inmortales.

No siento ningún respeto por la perspicacia de cualquiera que, después de leer esa conversación, aún insista en que es la palabra de un loco. Suena con una mayor cordura de la que pueden proporcionar una disciplina normal y los hábitos de vida organizados y seguros. Extraed cualquier frase: «Toda aquella pregunta que pueda contestar con sinceridad, la contestaré así y no de otro modo. En lo que a mí respecta, he hablado con total veracidad. Señores, yo valoro mi palabra». Esos que le reprochan su espíritu de venganza, mientras que lo cierto es que valoran su heroísmo, carecen de capacidad para reconocer a un ser noble y no poseen mineral alguno que cambiar por su oro puro. Lo mezclan con su propia escoria.

Es un alivio pasar de estos difamadores al testimonio de sus carceleros y verdugos, que, aunque amedrentados, son más veraces. El gobernador Wise habla de él con mucha más justicia y aprecio que cualquier periódico del Norte, político o personaje público del que yo haya tenido noticia. Creo que no os importará oír sus palabras acerca de este tema. Dice:

Se engañan a sí mismos los que le consideran loco [...] Es frío, sosegado e indómito y es justo decir de él que fue humanitario con sus prisioneros [...] Y me inspiró una gran confianza como hombre de bien. Es un fanático, vanidoso y locuaz (no hago mías estas palabras de Mr. Wise), pero firme, sincero e inteligente. Sus hombres, los que sobreviven, también son así [...] el coronel Washington[38] dice que fue el hombre más frío y tenaz que conoció, cuando se trataba de desafiar el peligro y el hambre. Con uno de sus hijos muerto a su lado y otro herido de bala, le tomaba el pulso a su hijo agonizante con una mano y con la otra sujetaba su rifle y mandaba a sus hombres con gran serenidad, animándoles a mantenerse firmes y a vender sus vidas tan caras como les fuera posible. De los tres prisioneros blancos, Brown, Stevens y Coppoc, sería difícil decir quién mostraba más entrega.

¡Casi el primer ciudadano del Norte que ganó el respeto del dueño de esclavos!

El testimonio de Mr. Vallandigham, aunque menos valioso, sigue en la misma línea; dice que «es estúpido menospreciar a este hombre o a su conspiración... Él es lo opuesto a un rufián, un fanático o un loco».

«Sin novedad en Harper's Ferry» –dicen los periódicos–. ¿De qué clase es esa calma que persiste cuando la ley y los dueños de esclavos triunfan? Yo considero este suceso como una piedra de toque diseñada

---

38. Este coronel Washington que aquí se menciona era un descendiente del héroe de la Guerra de la Independencia Jorge Washington. Fue capturado como rehén en Harper's Ferry por John Brown. Como de costumbre, captor y capturado cuenta la leyenda que mantuvieron largas conversaciones sobre la situación política del momento.

con el fin de descubrirnos, con absoluta claridad, la naturaleza de este gobierno. Precisábamos de una ayuda como ésta para verlo a la luz de la historia. Debería verse a sí mismo. Cuando un gobierno utiliza todo su poder en proteger la injusticia, como hace el nuestro, sosteniendo la esclavitud y matando a los libertadores del esclavo, se está comportando como una fuerza bruta, o peor, como una fuerza demoníaca. Es la cabeza de los *Plug Uglies*[39]. Ahora es más manifiesto que nunca que la tiranía gobierna. Veo que este gobierno se ha aliado de hecho con Francia y Austria para reprimir a la humanidad. En él se sienta un tirano sujetando las cadenas de cuatro millones de esclavos; aquí viene su heroico libertador. Este gobierno hipócrita y diabólico levanta la vista sobre los cuatro millones jadeantes y pregunta desde su escaño, adoptando un aire de inocencia: «¿Por qué me atacáis? ¿No soy acaso un hombre honrado? Dejad de agitaros por este tema u os convertiré en esclavos u os colgaré».

Estamos hablando de un gobierno «representativo»; pero ¿qué monstruo de gobierno es ese en el que las facultades mentales más nobles y todo el corazón no están «representados»? Se trata de un tigre semihumano o de un buey que avanza con paso majestuo-

---

39. Estos *Plug Uglies* era un término que se aplicaba a pandilleros y matones en Baltimore. Éstos fueron los que planearon el asesinato de Lincoln cuando pasara por esta ciudad, camino de Washington, para tomar posesión de su cargo de presidente en marzo de 1861. Pero el plan no tuvo éxito porque los de Lincoln, con Pinkerton a la cabeza, supieron cambiar de itinerario a tiempo.

so sobre la tierra, con el corazón arrancado y la tapa del cráneo levantada de un tiro. Los héroes han luchado valientemente desde sus trincheras incluso después de que las balas alcanzaran sus piernas, pero nunca se ha oído que un gobierno de tales características hiciera algo bueno.

El único gobierno que reconozco –y no importa que tenga pocas personas a la cabeza o que tenga un ejército pequeño– es el poder que establece la justicia en su territorio, nunca el que establece la injusticia. ¿Qué pensaremos de un gobierno para el que todos los hombres realmente valientes y honrados de su territorio son enemigos que se interponen entre él y aquellos a los que oprime? ¡Un gobierno que alardea de ser cristiano y crucifica a un millón de Cristos cada día!

¡Traición! ¿Dónde se origina semejante traición? No puedo evitar pensar en vosotros como os merecéis, en vosotros, gobiernos. ¿Podéis secar las fuentes del pensamiento? La alta traición, cuando no es sino resistencia a la tiranía de aquí abajo, tiene su origen y está inspirada por el poder que crea y recrea al hombre. Cuando hayáis capturado y colgado a todos esos rebeldes humanos, no habréis conseguido nada excepto vuestra propia culpabilidad, ya que no habréis extirpado las raíces. Dais por sentado que os enfrentáis con un enemigo al que no apuntan los cadetes de West Point ni los cañones. ¿Puede todo el arte del «fundidor» del cañón hacer que la materia se vuelva contra su creador? ¿Es la forma en que el fundidor quiere forjarlo más importante que la materia que constituye al cañón y a él mismo?

Los Estados Unidos tienen una cantidad de esclavos que suma cuatro millones. Este país está decidido a mantenerlos en esas condiciones y Massachusetts es uno de los superintendentes confederados que debe evitar su huida. No piensan así todos los habitantes de Massachusetts, pero sí al menos los que mandan y los que obedecen. Fue Massachusetts, junto con Virginia, quien sofocó esta insurrección de Harper's Ferry. Tras enviar allí a los soldados, deberá «pagar el castigo por su pecado».

Suponed que exista en este Estado una sociedad que, de su propio bolsillo y por su magnanimidad, salve a todos los esclavos fugitivos que acuden a nosotros, proteja a nuestros conciudadanos de color y deje el resto del trabajo al así llamado gobierno. ¿No le supondría eso perder rápidamente sus funciones de gobierno y hacerse despreciable para la humanidad? Si algunas sociedades privadas se ven obligadas a llevar a cabo las tareas del gobierno para proteger a los débiles y hacer justicia, entonces el gobierno se convierte tan sólo en un asalariado, un empleado para desempeñar servicios mínimos o sin trascendencia. Por supuesto, un gobierno que precisara un comité de vigilancia[40] no sería sino la sombra de un gobierno. ¿Qué pensaríamos incluso del cadí oriental, tras el cual funcionase en secreto un comité de vigilancia? Y, hasta cierto punto,

40. En este contexto, sinónimo de abolicionistas.

Apología del capitán John Brown

estos gobiernos desquiciados reconocen y aceptan esa relación. En la práctica, vienen a decir: «Nos alegrará trabajar por vosotros con esas condiciones, con tal de que no se publique demasiado». Y así el gobierno, con el sueldo asegurado, se retira a la trastienda llevándose la Constitución y dedica la mayor parte de su esfuerzo a repararla. A veces, cuando oigo decir tales cosas en el trabajo, me acuerdo, en el mejor de los casos, de esos labradores que maquinan el modo de sacar algún dinero extra en invierno dedicándose al negocio de los barriles. ¿Y qué bebida alcohólica almacena ese barril? Especulan en la bolsa y hacen agujeros en las montañas, pero no tienen la capacidad de construir siquiera una carretera decente. La única carretera «libre», la *Underground Railroad*[41], es propiedad del Comité de Vigilancia y él la administra. Ellos han cavado galerías a lo largo de toda esta tierra. Semejante gobierno está perdiendo su poder y su respetabilidad con la misma rapidez que el agua se filtra por una vasija agrietada, pero no se escapa de una en buen estado.

Oigo a muchos que condenan a estos hombres por su número tan reducido. ¿Cuándo estuvieron en ma-

---

41. El legendario *Underground Railroad*, o «Ferrocarril Subterráneo», era una eficaz organización clandestina que facilitaba a los negros que así lo desearan evadirse de sus plantaciones del Sur, atravesar subrepticiamente los Estados del Norte, y alcanzar la meta de la liberación en Canadá. Entre 1810 y 1850 se calcula que más de 100.000 esclavos, por un valor de más de 30 millones de dólares, consiguieron la libertad por este procedimiento. Numerosos blancos del Norte aportaban esfuerzo personal, dinero e instalaciones adecuadas para el mantenimiento de esta organización. También colaboraron en ello numerosos blancos que, aunque del Sur, eran abolicionistas.

yoría los honrados y los valientes? ¿Hubierais preferido que su acción se interrumpiera esperando ese momento, hasta que vosotros y yo nos uniéramos a él? Este mismo hecho de que no tuviera una chusma o una tropa de mercenarios en torno suyo lo distingue de los héroes corrientes. Su compañía era reducida porque los dignos de pasar revista eran bien pocos. Allí, cada hombre que ofrecía su vida por los pobres y los oprimidos era un hombre elegido, sacado de entre varios miles, millones; un hombre de principios, de valor poco usual y acendrada humanidad; dispuesto a sacrificar su vida en cualquier momento por el beneficio de sus hermanos. Yo dudo que hubiera más hombres de estas características en todo el país (y esto por lo que se refiere sólo a sus seguidores); respecto al líder, no cabe duda de que barrió todo lo ancho y largo de estas tierras para incrementar su tropa. Éstos fueron los únicos hombres dispuestos a colocarse entre el opresor y los oprimidos. Fueron sin duda alguna los mejores que podíais seleccionar para colgarlos. Ése es el mayor cumplido con que podía pagarles este país. Ellos estaban preparados para la horca. Ya se ha colgado a bastantes, pero a pesar de haberlo intentado nunca antes se había dado con los más adecuados.

Cuando pienso en él, en sus seis hijos y en su yerno, sin mencionar a los otros alistados en su lucha, comportándose fríamente, con reverencia, con solidaridad en su trabajo, durmiendo y despertándose por la lucha, pasando veranos e inviernos sin esperar recompensa alguna excepto una conciencia limpia, mientras que casi toda América se alineaba en el lado opuesto, digo de nuevo que esto me afecta a mí como un espectáculo sublime. Si él hubiera tenido algún periódico apoyando «su causa»; un órgano, como se suele decir, repitiendo monótona y tristemente la misma vieja canción y después pasara la gorra, eso hubiera sido fatal para su eficacia. Si hubiera manifestado de algún modo su enfrentamiento al gobierno, hubiera resultado sospechoso. Lo que le distinguía de todos los reformadores que conozco hasta hoy era el hecho de que no estaba dispuesto a pactar con el tirano.

Su peculiar doctrina era que un hombre tiene perfecto derecho a interferir por la fuerza contra el amo, como medio para rescatar al esclavo. Yo estoy de acuerdo con él. Aquellos que se sienten continuamente escandalizados por la esclavitud tienen cierto derecho a escandalizarse por la muerte violenta del amo, pero no los demás. Éstos se escandalizarán más por su vida que por su muerte. No seré yo el primero que considere un error su método para liberar esclavos lo más rápidamente posible. Hablo por boca del esclavo cuando digo que prefiero la filantropía del capitán Brown a esa otra filantropía que ni me dispara ni me libera. De todos modos, no creo que sea bueno pasarse la vida hablando o escribiendo sobre este tema, a no ser que uno esté continuamente inspirado, y yo no lo estoy. Un hombre puede tener otros asuntos legítimos que atender. Yo no deseo matar ni ser matado, pero puedo vislumbrar circunstancias en las cuales ambas cosas me resulten inevitables. Mantenemos la llamada paz de nuestra comunidad con pequeños actos de violencia cotidiana, ¡ahí está la porra del policía y las esposas!, ¡ahí tenemos la cárcel!, ¡ahí tenemos la horca!, ¡ahí tenemos al capellán del regimiento! Confiamos en vivir a salvo únicamente fuera del alcance de este ejército provisional. Por tanto, nos protegemos a nosotros y a nuestros gallineros y mantenemos la esclavitud. Sé que la masa de mis compatriotas piensan que el único uso justo que se puede hacer de los rifles Sharps y de los revólveres es librar duelos cuando otras naciones nos insultan, o cazar indios, o disparar a los esclavos fugitivos o cosas parecidas. Yo creo que por una vez los rifles Sharps y los revólveres se emplearon en una causa justa. Los instrumentos estaban en las manos del que sabía utilizarlos.

La misma indignación que se dice vació el templo[42] una vez, volverá a vaciarlo. La cuestión no está en el arma, sino en el espíritu con que se use. No ha nacido todavía ningún hombre en América que amara tanto a sus semejantes y los tratara con tanta ternura. Vivía para ellos. Tomó su vida y se la ofreció a ellos. ¿Qué clase de violencia es esa que promueven no los soldados, sino los pacíficos ciudadanos; no tanto las sectas no pacifistas, sino los cuáqueros; y no tanto los hombres cuáqueros como las mujeres cuáqueras?[43].

42. Mateo 21, 12-13.
43. Los cuáqueros, desde los tiempos de John Woolman e incluso antes, eran decididamente antiesclavistas, protectores y defensores de los indios, pacifistas y objetores de conciencia, y por todo ello los puritanos les

Este suceso me recuerda que existe algo llamado muerte, la posibilidad de la muerte de un hombre. Parece como si todavía no hubiera muerto ningún hombre en América, ya que para morir uno tiene que haber vivido antes. Yo no creo en los coches fúnebres, los paños mortuorios y los funerales que han tenido. No hubo muerte en esos casos porque no hubo vida; simplemente se pudrieron y se degradaron bajo la tierra del mismo modo que se habían podrido y degradado en vida. No se desgarró ningún velo del templo[44], sólo se cavó una fosa en cualquier parte. Que los muertos entierren a sus muertos. Los mejores simplemente dejaron de funcionar, como un reloj, Franklin, Washington, ellos salieron bien librados sin morir; tan sólo desaparecieron un día. Oigo a muchos que fingen que se van a morir, o que se han muerto, incluso. ¡Tonterías! Les reto a que lo hagan. No hay suficiente vida en ellos. Se licuarán, como los hongos, y mantendrán a cien aduladores enjugando el lugar en que se desvanecieron. Sólo han muerto media docena aproximadamente desde que empezó el mundo. ¿Cree usted, señor, que se va a morir? ¡No! No hay ninguna esperanza. No ha aprendido la lección aún. Debe quedarse después de clase. Estamos protestando demasiado a causa de la pena de muerte: arrancar vidas, cuando no hay vidas que quitar. *¡Memento mori!* No entende-

---

declararon guerra a muerte y persecución implacable. El *Diario* de John Woolman es un texto modélico en este sentido.
44. Mateo, 27, 50-53.

mos esa frase sublime que algún personaje hizo esculpir sobre su tumba en alguna ocasión. La hemos interpretado en un sentido rastrero y lastimoso; hemos olvidado completamente cómo se muere.

Pero así y todo, aseguraos de que morís. Haced vuestro trabajo y terminadlo. Si sabéis cómo empezarlo, sabréis cuándo terminarlo.

Estos hombres, al enseñarnos a morir, nos han enseñado al mismo tiempo a vivir. Si los actos y las palabras de este hombre no originan un renacimiento, ésta será la sátira más dura posible que se escriba sobre actos y palabras que sí lo originan. Ésta es la mejor noticia que América haya escuchado. Ha acelerado el débil pulso del Norte e infundido más y más sangre generosa a sus venas y a su corazón que varios años de los que se suele llamar prosperidad comercial y política. ¡Cuántos hombres que consideraban recientemente la idea del suicidio tienen ahora algo por lo que vivir!

Un escritor dice que la peculiar monomanía de Brown le hizo ser «temido por los habitantes de Missouri como si fuera un ser sobrenatural». Sin duda alguna, un héroe entre nosotros, tan cobardes, es siempre temido así. Él es así. Aparece como superior a la naturaleza. Hay una chispa de divinidad en él:

> ¡Si sobre él mismo no logra elevarse,
> qué pequeña cosa es el hombre![45].

45. Samuel Daniel (1562-1619), poeta inglés.

¡Los directores de periódicos argumentan también que una prueba de su «demencia» es que se creía destinado para el trabajo que hizo, que no dudó ni un momento! Hablan como si fuese imposible que un hombre pudiera hacer un trabajo hoy en día «destinado a él por Dios»; como si las promesas y la religión estuvieran pasadas de moda en relación con cualquier otro trabajo cotidiano[46]; como si el agente para abolir la esclavitud pudiera ser solamente alguien designado por el presidente o por un partido político. Hablan como si la muerte de un hombre fuera un fracaso y la continuación de su vida, sea del tipo que sea, fuera un éxito.

Cuando reflexiono sobre la causa a la que se entregó este hombre, y cuán religiosamente, y después reflexiono sobre la causa a la que se entregan sus jueces y todos los que le condenan con tanta energía y ligereza, me doy cuenta de que hay la misma distancia entre ambos que hay entre el cielo y la tierra.

Esto pone de manifiesto que nuestros «líderes» son una gente inofensiva y saben «demasiado bien» que «ellos» no fueron designados por Dios sino elegidos por los votos de su partido.

¿Quién es el que precisa para su seguridad que se cuelgue al capitán Brown? ¿Es acaso indispensable para algún ciudadano del Norte? ¿No hay otra salida

---

46. Como se puede comprobar, la sensibilidad religiosa de Thoreau aparece y reaparece constantemente. Y su conocimiento de la Biblia es innegable.

que arrojar a este hombre al Minotauro[47]? Si no lo deseáis, decidlo claramente. Mientras se estén haciendo cosas como ésta, la belleza permanece velada y la música es una mentira que chirría. ¡Pensad en él, en sus raras cualidades!, es el tipo de hombre que tardará mucho en repetirse y tardará mucho en ser comprendido; no se trata de un héroe cómico ni del representante de ningún partido. El sol no volverá a salir en esta bendita tierra sobre otro hombre como él. ¡Para el que nació con más cualidades; para el inquebrantable, enviado para redimir a los cautivos; y lo único que se os ocurre es colgarlo del extremo de una cuerda! Vosotros, que aparentáis sufrir por Cristo crucificado, considerad lo que vais a hacer al que ofreció su vida por la salvación de cuatro millones de hombres[48].

Todo hombre sabe cuándo está justificado, y todos los inteligentes del mundo serían incapaces de darle luz sobre el tema. El asesino siempre sabrá que se le castiga justamente; pero cuando un gobierno quita la vida a un hombre sin el consentimiento de su conciencia, nos encontramos ante un gobierno audaz que está dando un paso hacia su propia disolución. ¿Acaso es imposible que un solo individuo tenga la razón y un gobierno esté equivocado? ¿Deben imponerse las leyes tan sólo por-

47. «Se da el nombre de Minotauro a un monstruo que tenía cabeza de hombre y cuerpo de toro. Se le hizo construir el Laberinto. Cada año –otros dicen que cada tres años, o incluso cada nueve– le daban en pasto a los siete jóvenes y otras tantas doncellas que, como tributo, pagaba la ciudad de Atenas» (cfr. Pierre Grimal).
48. Es reiterada la comparación que a lo largo del ensayo lleva a cabo Thoreau entre Cristo y John Brown.

que se hayan aprobado?, ¿o declararlas válidas por un número cualquiera de hombres, si «no» son válidas? ¿Tiene que ser el hombre necesariamente el instrumento que lleve a cabo un acto que su propia naturaleza rechaza? ¿Acaso pretenden los legisladores que los hombres «buenos» sean colgados siempre? ¿Pretenden los jueces interpretar la ley de acuerdo con la letra y no con el espíritu? ¿Qué derecho tenéis «vosotros» a llegar al acuerdo de que «haréis» esto o lo otro, en contra de vuestra propia razón? ¿Es labor «vuestra», al tomar cualquier resolución, «decidir» sin aceptar las razones que se ofrecen, que muchas veces ni siquiera comprendéis? Yo no creo en los abogados, en ese modo de acusar o defender a un hombre, porque descendéis para tratar con el juez en su propio campo y, en los casos más importantes, no tiene mayor trascendencia si un hombre transgrede una ley humana o no. Dejad que los abogados decidan en casos triviales. Los hombres de negocios pueden solucionar esas cosas entre ellos. Si ellos fueran los intérpretes de las leyes eternas que obligan al hombre con auténtica justicia, eso ya sería distinto. ¡Esto es como una fábrica falsificadora de leyes que se sitúa parte en un país de esclavitud y parte en un país de libertad[49]! ¿Qué clase de leyes podéis esperar de ella para el hombre libre?

Estoy aquí para interceder por su causa ante vosotros. No intercedo por su vida sino por su naturale-

---

49. La dialéctica esclavitud-libertad, o Sur y Norte, iba a desembocar casi en seguida en la Guerra Civil (1861-1865).

Henry D. Thoreau

za, por su vida inmortal, y eso sí es enteramente asunto vuestro y no de ellos. Hace mil ochocientos años Cristo fue crucificado; esta mañana, posiblemente, el capitán Brown haya sido colgado. Ésos son los dos extremos de una cadena que no carece de eslabones. Ha dejado de ser el viejo Brown; es un ángel de la luz[50].

Ahora comprendo que fue necesario que el hombre más valiente y humano de todo el país fuera colgado. Tal vez él mismo lo haya comprendido. «Casi temo» enterarme de que le hayan liberado, porque dudo que la prolongación de su vida, o de «cualquier» otra pueda hacer más bien que su muerte.

«¡Descarriado!» «¡Granuja!» «¡Demente!» «¡Vengativo!» Eso escribís desde vuestras poltronas, y el herido responde así desde el suelo del Armory, claro como un cielo sin nubes, con la verdad en los labios, como si fuera la suya la voz de la naturaleza: «No me envió aquí hombre alguno, fue mi propia voluntad y la de mi Creador. No reconozco a ningún jefe de condición humana»[51].

Y con qué noble y dulce talante continúa dirigiéndose a los que le apresaron y que se sitúan por encima de él:

---

50. Véase nota 48.
51. El discurso de John Brown que aquí Thoreau parafrasea y resume se puede encontrar, con otra multitud de documentos sobre este tema, en Albert P. Blaustein y Robert L. Zangrando, *Civil Rights and the Black America, A Documentary History,* Washington Square Press, Nueva York, 1970, «Incident at Harper's Ferry», pp. 174 ss.

Apología del capitán John Brown

Creo, amigos, que sois culpables de un gran error contra Dios y la humanidad, y sería perfectamente justo que alguien interfiriera en vuestras cosas con el fin de liberar a esos que vosotros mantenéis voluntaria y cruelmente en cautiverio.

Y, refiriéndose a su actividad: «Éste es, en mi opinión, el mayor servicio que un hombre puede ofrecerle a Dios».

Me apenan los pobres cautivos que no tienen a nadie que los ayude; por eso estoy aquí, no para satisfacer ninguna animosidad personal, venganza o espíritu revanchista, sino por mi simpatía hacia los oprimidos y los agraviados que son tan buenos como vosotros y tan preciosos a los ojos de Dios.

Vosotros no reconocéis vuestro testamento cuando lo tenéis delante.

Quiero que entendáis que yo respeto los derechos de los hombres de color más pobres y más débiles, oprimidos por el poder esclavizador, del mismo modo que respeto los de los más ricos y poderosos.

Me gustaría decir, además, que haríais mejor, vosotros, todos los hombres del Sur, en prepararos para solucionar esta cuestión, que deberá terminarse de una vez antes de que estéis dispuestos a ello. Cuanto antes os preparéis, mejor. Os podéis deshacer de mí muy fácilmente. Ya casi estoy eliminado, pero esta cuestión aún tendrá que solucionarse –este problema de los negros, me refiero–; el fin de ese problema no ha llegado aún[52].

Imagino el momento en que el pintor dibujará esa escena sin ir a Roma en busca del modelo; el poeta la cantará; el historiador la registrará; y, con el desembarco de los Peregrinos y la Declaración de Independencia[53], será el ornamento de un futuro museo nacional, cuando al fin la forma actual de esclavitud ya no persista. Entonces tendremos libertad para llorar por el capitán Brown. Entonces, y no antes, llegará nuestra venganza[54].

52. «El fin de este problema no ha llegado aún.» Así fue. Así es.
53. Los Padres Peregrinos que desembarcaron en Plymouth. Sobre la Declaración de Independencia y sus principios básicos ya se ha hablado por extenso en la Introducción.
54. Durante la Guerra Civil la figura de John Brown se convirtió en un mito. Las tropas del Norte cantaban una canción tradicional, el *Glory, Glory, hallelujah!* con la siguiente estrofa:

John Brown's body lies amouldering in the grave...
But his soul goes marching on.
He's gone to be a soldier in the army of the Lord.
But his soul goes marching on.
The stars of heaven, they are looking kindly down,
On the soul of old John Brown.

(El cuerpo de John Brown yace descomponiéndose en su tumba...,
pero su alma sigue avanzando.
Se fue para ser un soldado en el ejército del Señor.
Pero su alma sigue avanzando.
Las estrellas del cielo miran amablemente
el alma de John Brown.)